心を使う

右脳の空手

東京大学名誉教授
大坪英臣

風雲舎

（刊行に寄せて）

心の動きに関わる武術空手

麻山　慎吾

不思議な体験をして自分の身体が変化して以来、格闘技としての空手を学んできた私の多くのことが変わった。長い経験から格闘技空手の意味はよく理解しているつもりだが、これまでとはまったく異なる、心の動きに深く関わる武術空手の世界に図らずも踏み込んでしまった。私が経験したその経緯はこの本にも触れられている通りである。

武術空手は、相手を「無力化」することによって、抗することのできない圧倒的な力で相手を制することができる。「無力化」するその方法は多々あるとしても、その本髄は「愛」であると私は確信している。こちらが力で攻撃すると相手は抵抗する。これが通常の原理である。しかし愛で接すると、相手は自然と笑顔になり、それを受け入れ、倒されてしまう。十キロの荷物を女性が何時間も連続して抱えていることはできないと思うが、自分の赤ん坊なら苦にもならない。それは愛で接しているからだ。

私の願いは、多くの人にこの愛の働きを実感してもらうことである。それには真義館（しんぎかん）の空手を経験して欲しいと言いたいところであるが、さしあたり、脱力して寝ている人を起こす「抱き起こし」でもよい、その片鱗を感じ取っていただきたいと思っている。相手に伝える気持ちで相手の身体の反応がまったく変わってしまうことを経験すると、その気持ちが見えていなくても、その思いが表に出てくることがわかってくる。「愛」という道徳のお題目であったものを心に乗せて相手に本気で伝えられたとき、明白な結果が出てくるのである。

そういう見えないものが結果を左右する。逆に、見えないからと言っていい加減にすることが許されない。それを理解したとき、その人の周りは自然に良い方向に変わっていくと思う。そういう人が増えるとき、社会が変わる可能性もある。

大坪英臣さんは私の指導を受けるために毎月大阪の本部道場に通っている。少しずつ少しずつ身体が変わり、心が変わってきている。当時七十歳の大坪さんに総本部の指導員になってもらい、同時に東京に総本部直轄東京道場を開設し、その責任者になってもらった。いま四十名弱の大人だけの道場生がそこで武術空手、つまり「愛」を学んでいる。笑いの絶えない楽しい稽古が続いている。総本部の指導員は格闘技空手（スポーツ空手）の世界で顕著な活躍をした人になってもらうのが通例なので、この措置は皆を驚かせたと思う。しかし、「愛」の武術空手を多くの人に知ってもらいたいという私の願いを実現するのに、これは最適な決断であったと思っている。

このたび、大坪さんがその空手の経験を本として出版することになり、大変歓んでいる。六十五歳という高齢で始めたスポーツ空手での苦労から、武術空手へ移行して得られた歓びを、体験した者にしか書けない筆致で描いている。また、学者としての武術空手の作動原理の説明は私も納得できる。その世界の膨大な広がりのすべてを網羅することは不可能だとしても、基本原理は適切に触れられていると思う。大坪さんの体験エッセイとして書かれているが、武術空手を理解しようとする人にとって得るものが多いと思う。

（あさやま・しんご　真義館館長）

（はじめに）

筋力を使わずに相手を倒す

大坪　英臣

この本で皆様に何を伝えようとしているのか、自分でもあまりわかっていない。つまり、皆様の役に立つ本なのかどうかがわからない。こういう本は書かないほうがよいと忠告してくれる人もいた。内容がにわかには信じられなくて、この本を不思議系のものと扱われる可能性があるというのである。それなりに信用されてきた現役時代の活躍が台なしになってしまうことを心配してくれるのである。しかし、私はこの本で嘘や誇張を書くつもりは一切ない。不思議系の本にするつもりもまったくない。できるだけ客観的に自分の体験を書くつもりである。

誤解される部分は、武術空手が力学的原理によらずに、筋力を使わず相手を倒すということであろう。現象的には、ほとんど触れるか触れないかで、攻撃してくる相手を倒してしまう。そんなことができるはずがないと端(はな)から否定する人にとっては、じつに馬鹿げた本となる。

なぜそんなことができるのかを、できうるかぎり客観的事実を用いて説明するつもりである。ただし、表には見えない内面を使う武術空手の原理の説明は、実験が不可能な点もあり、一部推論を入れざるをえない。この部分については異論をはさむ余地はあるかもしれない。難しいからと原理の説明をあきらめて現象のみを述べてもよいのであるが、それは工学者としてはなんとなく許せないし、また、なにか合理的に見える原理の説明がなければ現象は非常に不思議に見えるので、「そんなことは絵空事で、ありえない」と一方的に否定されてしまうおそれがある。

原理の説明が完全ではないにしても、条件が整えば、筋力を使わずに必ず相手を倒すことができるのは、まちがいない事実である。出来不出来はあるが、道場生のほとんどができている。入門して間がない白帯でもときどきできる。

だから、不思議に聞こえようと、不思議に見えようと、筋力を使わずに倒せるということは、我々にとって厳然たる事実である。

また、やらせに見えようと決してやらせではない。この本では、ただひたすら事実を書いていることを信じていただきたい。

記憶力があまりよくないにもかかわらず、頭脳を使う世界に入りこみ、世間の期待値に応えるため、爪先立ちで突っ走っていた感じで現役時代を過ごした。退職し、何かないかと模索して、資格試験を受けたり、サーフィンをしたり、成り行きで時間をつぶしながら、これまた成り行きで空手をやるようになった。

もちろん空手は六十五歳で始めるものではない。まして運動の得意でない私に、皆様に誇れるような結果など出せるはずがない。でものめり込むようになった。身体を思いきり動かすことを忘れていたので、汗をかくことだけでも愉快であった。ところが三年ほど経って、また成り行きでその先を知ってしまってから、人生の目的はここにあったのかと思うほどになった。武術空手との出会いである。

相手との突きや蹴り、投げがぶつかり合う、いわば筋力同士の闘いであるスポーツ空手とちがい、武術空手は、乱暴な言い方をすると、相手の頭脳活動を撹乱（かくらん）させて相手を制覇するのである。相手は何が何だかわからずに倒されてしまう。頭脳の持っている生理的な癖を利用するのである。

相手の頭脳を混乱させるためには、自分の頭脳（左脳）は使ってはいけない。では何を使うのか。心を使うのである、と言っても説明にはならないと思う。頭脳を介しない、心からの直接の想いが重要な働きをする――と、ここでは言っておこう。

学校で頭脳（左脳）を使うことを教えられ、社会に出ても工学者としてひたすら頭脳を使ってきたのに、それがあまり役に立たないどころか邪魔になると知ったとき、価値観がひっくり返る。「そうか！　身体が、頭脳（左脳）より賢い」のだ。きちんと言うと、「右脳の活性化で相手を倒せる。左脳はその邪魔をする」のである。

　方法論はつかみどころがなく、原理の説明はさらに難しくても、相手が無力化され、無抵抗で投げ飛ばされる現実は、厳然として目の前にある。少しずつ武術空手ができるようになってくると、少しずつ生き方が変わってくる。頭脳の使い方が変わり、無駄が徐々に削ぎ落とされてくる。

　もちろん今の自分のレベルでは、これが武術空手ですと皆様に大きな声で言う資格はない。これは合気の達人達、植芝盛平師、佐川幸義師、塩田剛三師、身近では真義館の麻山慎吾館長、その他、この世界の存在を論理的に世に紹介された宇城憲治師などにお任せすればよい。ただ、こんなに面白く、気持ちのよいものはないことを皆様に知ってもらうのは、入口にようやく立てた私でも許されるのではないかと思う。風雲舎の山平松生社長の口車に乗ってこの本を書いてしまった。

カバー装幀……………………なかひら・まい
カバー絵・本文挿し絵……なかひら・まい
写真………………………………真　義　館
落合　淳一

右脳の空手……目次

第一章

老骨に鞭打って

初めての試合

組手のトーナメント戦が幼児、小学生、中学生、高校生の部と移り、各部の決勝戦を残してプログラムは進行し、あとは一般男子の試合となる。大会の花形である黒帯を中心とした一般男子上級の部の後に四十歳以上の一般男子壮年の部がある。六十五歳の私はこの壮年の部で空手の試合に臨もうとしている。二〇〇八年一一月三〇日、中央区総合スポーツセンターにおいて、国際空手道円心会館東京城南支部（現在、真義館東京支部となっているので以下「東京支部」と略称する）の主催する第三回サバキチャレンジ城南杯が開催されていた。

初戦の相手は五十二歳とはいえ、八年間も鍛えているこの道の先輩の山口さんである。自分の出番が近づくにつれて、ドキンドキンと心臓の鼓動が激しくなる。蹴りを食らって昏倒するのではないか。突き一発でダウンするのではないか。入門四ヵ月での初試合。技をまったく持たないことに不安がこみあげてくる。

でも「やります」と言った以上、また、この場に臨んでいる以上、もう後には退けない。いろいろ雑念が浮かんでは消えていくが、試合に臨んで考えたことは、「けっして気持ちで負けないこと」であった。考えというより、もうこれは覚悟であった。気持ちで負ければ相手の激しい攻撃を一方的に受けるに決まっている。

技といえば、ひたすら突くことだけである。もともと身体が硬く足が上がらないので蹴りができない。四ヵ月の経験では相手を投げで崩すサバキの技もできない。これで気持ちが負けたら結果は無残なものになるにちがいない。

主賓席に向かって「押忍」と礼をする。主審にも一礼して、相手の山口さんを見やる。山口さんも緊張しているのがわかる。お互いに礼をして、主審の「始め！」の声でお互いが近づき、いよいよ闘いの開始である。

山口さんは左右の突きから下段回し蹴りを決めてくる。避けることもできずにそのまま受ける。興奮しているので、あまり痛みを感じないのが幸いだ。私はこれまでの練習で先輩の身体をきちんと突くことができたサンチンの型（後述）からの技を出してみる。初心者が普通に突いたのでは先輩に手で払われ、拳が相手の身体に届かないからである。もちろんサンチンと言ってもきちんとできるはずはなく、まねごとのレベルである。

サンチンの引手からの突きを用いてみた。それがドスンと相手の胸に入る。胸は筋肉でカバーされているのであまり効かないとされているが、それなりの手ごたえはある。これだ。あとはひたすら交互に腕受けからの突きを出して前進するのみである。

前へ前への突進の姿勢に、相手の下段回し蹴りが太腿に飛んでくる。蹴りを受けると私の身体はつんのめりそうになる。よろけながらも左右の突きを馬鹿の一つ覚えでやりまくる。

山口さんはズルズルと後ずさりする。相手が後ずさりの方向を変えると、こちらの拳が空を切るが、かまわない。ひたすら突きである。ときどきお愛想のように上がらない足で蹴りを入れてみるが、とても効いているようには思えない。

汗は音を立てて噴き出し、目はかすんでいる。鼓動が心臓を破りそうになる。会場から応援の声が飛んでいる。私への声援ではない。山口さんへ「下がるな、下がるな」との声援だ。唯一、甲高い女性の声が聞こえてくる。「大坪さん、がんばって!」。行きつけの焼鳥屋の夫婦が応援に来てくれて、その奥さんの声である。

左右の拳を交互にピストンのように突きまくる。少しずつ相手の身体が「く」の字に折れてきているような気もするが、本当に効いているかどうかはわからない。まったく余裕もないまま打ち続ける。もう何分経っただろう。早く終わってくれ。もう限界だ。

笛の音と同時に小豆(あずき)の入った布袋が試合場に投げこまれる。試合終了である。両者無得点のまま引き分けられ、判定となった。二本の副審の赤旗と主審の赤の判定で、「勝者、赤!」と告げられる。赤は私だ。勝ったのだ。

決勝戦まで進んだ

壮年の部には六人の参加者がいて、初回戦に続き、準決勝となる。ようやく動悸は収まっているが、興奮が収まってくると疲労感が襲ってくる。私の第二試合が始まる。相手は大手建設会社の営業部長。空手歴は五年になるが、なぜが社内では空手をしていることを秘密にしている。硬く重い突きを武器とする。非常に緊張しているのが見てとれる。こちらも同じような顔をしているにちがいない。

「始め」の合図で前に飛びだして突きまくったが、今度は胸をまっすぐ突くだけでなく、肋骨の際をアッパー気味に打つ下突きもまじえる余裕が出てきた。それでも打撃を止めると反撃されるのではないかとの恐怖に駆られ、ひたすら突きまくっていることに変わりはない。

ときどき相手の重い突きがドンと入るが、かまわず前に進む。さらに相手の前蹴りが入り、そのたびに前進が阻止される。汗が噴き出して目に入る。流派の特徴である相手の道衣をつかんで崩す技を使おうとしても、動いている相手の袖をつかむことすらできない。前に突きまくるしか能がないので、それを実行した。初戦に続いて判定で勝ちを得た。

これで各部門の準決勝までの試合がすべて終了した。

ここから小学生の部からの決勝戦が始まり、大会最後の試合が壮年の部の決勝戦であった。とうとうここまでたどり着いてしまった。経験の浅い年寄りが勝ち進んできたので、会場もどよめいており、司会が私の年齢をわざわざ大声で紹介した。まったく異例のことである。

対戦相手は黒帯初段、空手歴十五年、東京支部の指導員であった。実はその彼から夏の合宿で指導を受け、コロコロと投げられた経験があり、黒帯というのは素晴らしい技を持ち、芯もしっかり揺るぎなく、本当に強いのだと思っていた。

私は白帯の一つ上のオレンジ帯十級である。黒帯対オレンジ帯の決勝戦。その後私も多くの大会を見ているが、ここまで格のちがう決勝戦は見たことがない。準決勝戦の組み合わせでもこれほど極端ではない。さらに、私は二回闘っているのに、相手は初回戦を勝ち、そのままシードされて決勝戦に臨んでいる。

今までの試合と異なり二分一ラウンドではなく、決勝戦は二分二ラウンドとなる。試合が始まってわかったのは、こちらの突きがほとんど防がれ、思うように相手の身体に届かないことである。黒帯の格を知ることになった。しかし、打ちまくって前に進むしかない。

すでに二回の闘いをしてきた疲労も重なっている。サポーターをしているがまだ鍛えられていない拳は突き指状態だし、相手の道衣との摩擦で血もにじんでいる。たまに繰り出す前蹴りのせいで足の指も突き指している。本来は指をそらせて中足（指の付け根の凸部）で蹴るべきなのだが、未熟で足の指で蹴ってしまうためである。

それでもときどき突きが入るようになってくる。やはりサンチンのおかげであろうか。突きが効いている感触も増えてきて、突きが入る都度、相手は下がり、身体が折れてきて、試合は徐々に優勢に進んでいるように思える。時間が経つにつれて相手に焦りの色を見ることができた。

技のない悲しさだが、気持ちを強くもってひたすら直線的に前に進むので、体重も前のめりになっている。そこに襟(えり)と袖を手前に引っぱられながら太腿に蹴り（内腿蹴り）を入れられ、身体が崩れた。最初にこの技をもらったときは、前のめりに倒されながらも相手も体勢を崩して同時に倒れたので、技は無効になった。倒れた状態から起き上がるとき、自分が非常に疲れていることがわかった。一ラウンドの終了間際に、同じ太腿蹴りで前のめりに倒され、相手に得点を与えてしまった。二ラウンド目もこの劣勢を取りもどすことができなかった。完全に技術が足りないための負けである。

結果は準優勝となった。会場全体が歓声で年寄りの健闘を称えてくれた。もちろんここまで残れるとは予想していなかった。深い疲労と共に大きな達成感を覚えた。格闘技にのめりこむ人はこの感覚を求めているのだろう。全力で燃焼した満足感である。試合のあと相手に挨拶に行くと、ボソッと「君の左の突きは強いね」と言われた。

私の初試合、入門して四ヵ月目の経験であった。

打ち込めるもの

前述の初試合より半年ほど前の二〇〇八年春、私は東京・恵比寿の焼鳥屋で酒を飲んでいた。亭主のとりもちが良いので初対面であっても客同士がうちとけ、皆が楽しげに酒を酌み交わすことができる店である。その年の初めにこの店を知って常連客の何人かと仲良くなり、居心地がいいので頻繁に通うようになっていた。

そのなかで、前から顔は知っていたが話したこともない、いつもひとり離れて飲んでいる、少し暗い雰囲気の男性と名刺を交換した。国際空手道円心会館関東本部長・東京支部長とあった。お愛想もあり、私は「空手ですか、いいですね」と言った。支部長は「やりませんか」と即座に返した。私は六十五歳、見かけも年相応、あるいはもっと老けて見えるので、この返事には驚いた。こんな年寄りを誘うのだから、型でも教えてくれるのかと思った。それにしても空手となると、けっこう真面目に通わなければならないのではと、少し億劫な気もして、「そのうち見学させてください」と、その場しのぎの挨拶をした。

そうこうしているうち二ヵ月ほどが過ぎ、夏になった。焼鳥屋には週に二、三回通うようになっていたので、支部長と顔を合わせることもあり、見学に行かないと気まずいような気がしてきて、道場を訪ねることにした。その頃始めたハワイでのサーフィンも気に入っていて、それとくらべ「真面目に通わなければならない」空手はあまり気が進まないままであったが。

道場は目黒線の不動前にあった。駅から数分のところにある、お世辞にもきれいとは言え

65歳で始めたサーフィン（ロングボード）。
ハワイ・ワイキキにて。

ない道場であった。三階建ての住宅の一階がコンクリートの箱のようになっており、店舗あるいは倉庫用に作られている。道路に面した部分は開口部で、三方の壁と天井と床がコンクリートで囲まれたスペースで、床には緩衝材（かんしょうざい）としてマットが敷いてあった。支部長は大きな地震があっても絶対につぶれないと言っていたが、その通りだと思った。

天井から大きなサンド

バッグが二本吊り下げられていた。壁にはアメリカ本部で開催された世界大会のポスターが二枚ほど貼ってあり、上段回し蹴りをしている男と、それが顔面に決まってゆがんだ顔の男の写真に、「フルコンタクト」「サバキチャレンジ」とあった。

後で知ったが、この円心会館は極真会館から分派した芦原会館の流れを汲み、本部はアメリカのコロラド州デンバーにあり、極真の第十回全日本大会で優勝した、華麗な動きで有名な二宮城光（にのみやじょうこう）師が館長である。世界中に弟子が八千人ほどいるという。

芦原会館も円心会館も、突きと蹴り以外に「サバキ」技という投げ・倒しも有効技として採り入れている。ちなみに「フルコンタクト」とは、基本的に突きや蹴りは寸止（すんど）めでなく、直接相手の身体に当ててもよいルールである。ただし、顔面を直接殴ってはいけない。蹴りは顔面に入れてもよい。サバキで相手をつかむことができるので、相手の頭を下げておいての膝蹴りは有効で、顎や鼻の骨折も起こりうるという。「えっ、話がちがうのでは……」。老人を誘うのだから、型を中心にした空手だとばかり勝手に思いこんでいたのである。

皆といっしょに準備体操をした。みんな頑丈そうなわりには身体が柔らかく、両足を広げての前屈では、床に胸を着けることができている。これには驚いた。私はといえば、両足を広げようにも直角以上には広がらず前屈もならず、そのまま後ろにひっくり返りそうになるありさまである。痛いやら恥ずかしいやらで、いたたまれない気持ちであった。足を前に蹴り上げる体操では、曲がった脚が水平以上に上がらないという体たらく。後に読んだ教則本によると「前蹴上げのポイントは、蹴り足の膝が自分の肩に当たること」とあった（二宮城光『円心メソッド』東邦出版）。

サンドバッグを蹴る稽古でも、皆はバッグの高い位置をすごい音を立てて矢継ぎ早に蹴っている。私はといえば床すれすれの位置を頼りない音を立てて蹴る、というよりは軽く触れる感じである。まったく情けない、惨めな経験ではあった。しかし久しぶりに汗をかいたせいか爽快感もあったし、擬似的ではあるが、男の闘争心を少し掻き立てられて興奮した。

というわけで、あまり考えもせずに入門した。弟子を増やしたがっていた関東本部長兼東京支部長、岩上隆一四段の、見学に来た人を決して逃がさないという気迫に負けたのかもしれない。二〇〇八年六月一四日のことである。

毎日が日曜日

二〇〇四年四月、六十一歳で東京大学工学部の教授を定年退官し、名誉教授になって四年が経っていた。引き続き法政大学の教授をさせてもらったが、それまで三十三年間にわたって教育と研究に全力投球をしてきたので、同じ状態を続けることに少し抵抗があり、フルタイムで学生の指導・教育をする教授職は辞退して、九段にある研究施設に所属する教授職をさせてもらっていた。その当時は国立大学の定年年齢が大学ごとに異なっていたが、年金支給が六十五歳に移行するのに合わせて退官年齢も六十五歳に徐々に変えられていった。それまで長い間東京大学は六十歳が定年であったが、私のときは六十一歳、現在は六十五歳になっている。

退職した人は皆経験すると思うが、いざ仕事から離れると、その新しい状況に慣れるのにある程度時間がかかる。精神的なものを含むと二、三年はかかるのではないだろうか。一つは、身体的に生活パターンがまったく変わることである。もう一つは精神的なものであるが、ほぼ意識の大半を占め、命をかけてきた仕事がなくなることの喪失感である。その変化が非常に大きいため、適応するのに時間がかかるのはしかたがない。

多くの教授は私立大学に移り、講義を行ない、卒業論文や修士論文あるいは博士論文の指導を引き続き行ない、場合によっては講義の時間が増えたりする場合もあり、同じような仕事を継続するので生活はあまり変わらない。しかし、これも七十歳になると私立大学を退職するのが通例で、その時点で同じ変化が訪れる。高齢になっているので、適応能力が劣っていることも考えられる。

辞めてわかるのは、現役時代に仕事にかけていた、あの凄まじい義務感と情熱である。その対象がなくなるので、代わりを探すことになる。退官後も研究を続ける人もいるが、文系はいざ知らず、理系、特に工学系は進歩が速く、第一線での研究レベルを維持するのはなかなか難しい。しのぎを削る競争の場にいて、しかもほとんど能力のすべてをかけるから一流の研究ができる。その場から離れれば、多少趣味的になってもしかたがない。大学の先生では少ないかもしれないが、資格試験に挑戦する人もいる。あるいは自分の専門分野と異なる勉強をするため大学や大学院にもう一度受験する人もいる。たしかに、定年のかなり前から趣味を持てとか、地域社会に関わっていろというのは、軟着陸するために正解である。

状況を悪くするのは、世間的には他人を理解するのに肩書きでわかろうとすることである。肩書きがないと自分がないようで、本人も、理解する術のない相手をも、居心地悪くさせる。肩書きが単なる過去であると思えるようになるには時間がかかる。

私もそれやこれやで定年退官に伴う喪失感を埋めるべく、うろうろ何かを求めてワンダリングしていた。実は資格試験も受けた。しかし、それもこれも失ってしまった生きる中心を取り戻すものではなく、時間つぶしの代用品である。燃えさせるものがないのである。空手もその時間つぶしの一端のはずであった。

第二章

それまでの生き方——左脳の世界

生まれと育ち

父親は師範（今の学芸大学に相当）の教官をしていた。母親は師範の校長の娘で、女子師範を出ている。父は宇都宮師範に勤務していたときに母と結婚し、私が生まれた。一九四三（昭和一八）年二月のことである。やがて妹が生まれたが母乳が足りないため、農家の羊の乳をもらいに一升瓶を抱えて長い距離を歩いたのは幼稚園に入る前だったと思う。小学校は栃木女子師範の附属小学校だった。

小学校二年生のときに父親の勤務の関係で東京都文京区に移った。家は東大の正門と赤門の間にある通称〝落第横町〟を通り過ぎた児童公園の近くにあり、今はなくなった台町という、明治・大正の風情を残す小さな町にあった。今では見られなくなった子供の遊びをなんでもやった。東大構内の三四郎池も遊び場だった。

学校は文京区立真砂（まさご）小学校に転入した。それ以来、通った学校は東大教養のときの駒場を除くとすべて文京区にある。おまけに勤めたのが東大本郷の船舶工学科で、退官までずっといたので、五十年を超える歳月を、本郷キャンパスのあたりで過ごしていたことになる。

中学は文京区立第二中学校である。今は第四中学と合併して本郷中学となっている。高校は都立小石川高校（旧制府立五中）である。「創造と開拓」をモットーとするこの学校は、イギリスのパブリックスクールを見習っていたようで、生徒を紳士として扱い、自主独立した一人前の大人として対応してもらった。授業も受験対策的なことは一切なく、教師の熱情が伝わってきた。にもかかわらずかなりの進学校で、私が在籍していた頃は、男子学生の三分の一の百名以上が東大へ毎年入学していた。

東京大学スキー山岳部

一九六二年、東京大学（理科一類）に入学した。東大での最初の二年間は駒場の教養学部で学び、三年になると本郷キャンパスの専門課程に進学する。教養での成績で希望の学科に進学できるかどうかが決まる。人気の学科は競争が激しく、成績の高い者から順に受け入れていく。

私は入学が決まった後、オリエンテーションにも授業にも出ず、春の日差しをガラス越しに浴びながら、庭を眺めたり、吉川幸次郎の『新唐詩選』（岩波新書）や阿部次郎の『三太郎の日記』（角川文庫）などを読んだりして家にこもり、ボーっと一ヵ月ほど過ごしていた。あるときふと思った、このまま過ごしていてはどうしようもない。ぐずぐずものを考えているから、行動ができない。考えるということは、ネガティブな要因を探し出して、やっても意味がないと結論付けることだと気が付いた。授業に出ることにした。

それから考え方が「興味が惹かれることがあったら、まずやってみる。事前にその意味をあれこれ考えない」というところに落ち着いた。

要するに「何かを決めるときはある程度は考えてもよいが、途中で考えることを放棄して、直感に委ねる」のである。それが、その後の人生での行動指針となった。「やってみなければわからない」であり、「くよくよ考えるなら、まずやってみる」、さらには「ともかくやってみる」となった。だから、人生成り行きで決めていることが多い。空手もそうである。もちろんこれはリスクも伴う。思わぬ失敗も何度かあった。しかし、生来の無精者の私にはおおむね良い結果をもたらしたように思う。

授業に出るようになって、受験勉強でなまった身体を何とかしなければと感じていた。部活動をしなければ大学生活をフルに楽しんだことにならないとも思っていた。たまたま授業で隣に座ったがっしりした陽気な男にそのことを話すと、「俺の部に来ないか？」と言う。部室はキャンパスの外れにある仮設の建物の中にあった。山岳部である。正式には「スキー山岳部」と呼ぶらしい。登山と共にスキーもやるという意味ではなく、冬山をスキーで登ることからの名称である。東大唯一の登山クラブだという。ヒマラヤ遠征などをしている大変な歴史のある部であることは後でわかる。戦後の死亡率が一割という遭難事故の歴史を有することも入部後わかった。穂高滝谷（ほだかたきだに）と富士山での冬山で大きな遭難があって、前途洋々たる学生が多数亡くなっていた。なまった身体を何とかする部ではなかった。

スキー登山とは新雪の冬山を、登山用の短いスキーで登る。スキーの滑走面にアザラシの毛皮でできたシールと呼ぶものを装着する。毛が一方向に寝ているので、順目の前方には滑るが、逆目の後方には滑らない。そのため上りでも後ろに滑り落ちることなく、下りではそのまま滑降できる。

入部したのは六月に入っていて、すでに夏山合宿の準備のトレーニングが佳境に入っていた。約二〇キロの距離を学外で走り、キャンパスに戻ってきてから陸上トラックでのダッシュを含む本格的な練習が毎日行なわれていた。その中にいきなり入ったのである。一ヵ月ほどトレーニングを続けていると、身体は少しずつではあるが変化してくる。

大学に来るとまず部室に行き、そこから授業を受けに行く。とはいっても出席点がものをいう三、四の授業に出るだけで、教科書を読めば何とかなる授業は出席せずに、トレーニングをするか、部室で山の道具の整備をしたり、雑誌で山行記録を読んだり、先輩からいろいろ教えてもらったりする日が続いた。授業に真面目に出ると、「あいつは不真面目だ」と言われる。

飯田橋の二葉で登山靴を注文した。自分の足に合わせての特注である。ドロミテ型と呼ばれる通常登山とロッククライミング両方に使える非常に重い頑丈な革靴である。ザックは入山時には数十キロの重さの荷物を詰め込むため、それ自体が大きく、かなり重い。ピッケルも買う。寝袋はアメ横で米軍の横流しのものを買う。朝鮮戦争で遺体を運ぶのに使われたやつだと言う者もいた。靴ができてきたのが夏山合宿の二週間前である。身体はまだまだできていない。

　夏山合宿は、剣沢（つるぎさわ）での一週間の定着合宿の後、上高地までの北アルプスの縦走を一週間で行なう合計二週間の山行である。

　七月。上野発夜行で富山駅へ。富山地方鉄道で千寿ヶ原（せんじゅがはら）（現立山駅）、そこからケーブルカーで美女平（びじょだいら）、弥陀ヶ原（みだがはら）までバスに乗る。それから山行である。背負う荷物は上級生で五十キロ、新人は四十数キロとなる。さらに両手に食料などを入れたブリキ缶を持つ者もいる。先輩には家庭用のプロパンガスを背負っている者もいる。かなり大きなテントも運ぶ。ずっしりと布製の重いものである。休憩で一度荷物を降ろすと、もう一度担ぎ上げるのが大変である。いったん岩などの上に持ち上げておいて背負わないと、いきなり地面から背負おうとしても、腰が上がらない。

　列の先頭は三年生の先輩。次に新人が続く。その後ろには二年生の先輩がシゴキ係として続く。最終的には過酷な冬山を想定しているので、冬山で対応できるように新人達の身体と精神を鍛えることになる。新人は過酷な状態を経験していないので、すぐ音を上げることがある。原則一時間歩き、一〇分の休みを繰り返す。朝早く出発して、暗くなる前に目的地に着くので、午前七時から午後四時までの行程が普通である。昼休みの一時間を除くと、約七、八時間歩くことになる。もちろん平らな道ではない。人のほとんど通らない山道もあるし、渓流を登るときもある。重い荷物を背負って、岩や倒木のある山道を、足を置く順番を考えながら一足一足踏みしめていく。下山時には食料等がなくなって荷物が二、三〇キロになり、道があまり険しくないと、「走れ！」という掛け声がかかる。朝が早い出発、あるいは目的地に遅い時間に着くことがあるのでヘッドランプは必需品である。

新人が疲れ切って、「もう歩けません」と弱音を吐くと、後ろの先輩が叱咤激励する。実際は、「馬鹿やろう、なに甘えているんだ！」という罵声である。心の中で「こん畜生！」と意地を奮い起こして朦朧(もうろう)としながらも歩み続ける。一度ならず、崖っぷちにふらふら近づき、「このまま落ちて、この行進が止まってくれるといいな」と誘惑にかられた。

精神力の弱い者は、肉体の限界よりはるか手前で、もうだめだとあきらめる。しごかれてもまだまだ頑張れるということを知ることが重要となる。辛いと思う限界を引き上げる訓練となる。中には精神力が非常に強い者がいて、肉体の限界まで弱音を吐かずに頑張って限界を超えてしまい、突然倒れてしまう者もいる。同じ学年で理科三類（医学部）の学生にそのような男がいた。結局彼は山岳部をやめさせられた。冬山では、肉体の限界を超えてとことんがんばれる――そのことが危険であるとの裁定である。

疲れ切って、その日の目的地まで着くと、もう歩かなくて済むとほっとするが、すぐには休めない。テントを設営し、薪を集めて、食事の準備をする。食事はカレーが多かった。お代わりは早いもの勝ちで、大鍋が空になるまでお代わり自由である。噛まずに大急ぎで食べる。今もその癖が残っていて、ひとつ盛りの場合は知らずに人の分まで食べてしまう。山岳部に必要な技術は「早飯・早キジ」である。キジとは猟師が草むらにしゃがんでキジを射つときの姿勢からきている。

食後は、たき火を囲んで山の歌などを歌う。京大山岳部が作った「雪山賛歌」なども英語で原曲の「クレメンタイン」を歌うが、もっと高尚にドイツ・リート、つまりドイツ語の歌も歌う。深い自然の中で、晴れていれば満天の星の下で多少ロマンチックな気持ちになる。山岳部に入って良かったなとも思う。先輩達がヨーロッパアルプスに遠征したとき、ドイツ人の前で我々もドイツの歌を知っているとばかりに得意げにドイツ・リートを歌ったとき、ドイツ婦人に「日本語もドイツ語によく似ているのね」と言われたらしい。

食事・歓談の後、傾斜しているごつごつした地面に敷かれたテント地の上の寝袋に入りこんで眠る。疲れ切っているので、マメだらけの痛む足も、背中のごつごつもあまり気にならずにそのまま深い眠りに入る。マメも足の裏全体に広がり、つぶれてその上にまたマメがで

ロッククライミング練習を三ツ峠で、スキー山岳部一年生の七人。後列右が著者。

きている。

縦走も終わり梓川(あずさがわ)を伝って平らな地面を進んで河童橋(かっぱばし)を渡り上高地に入ると、そこには別天地が待っている。避暑地を楽しむ人間世界の華やかな人々が散策している。その中に、二週間汗みどろ、風呂にも入らない、異臭を放つ集団が一列に並んで黙々と歩く。ひげも剃らない完全な浮浪者集団である。自分達は気にはならないが、松本で銭湯に入ったとき、先客達に露骨に顔をしかめられ、出てきたときは、「あなた達、さっきの人達?」と聞かれた。ひげを剃ってさっぱりした人間らしい顔になって出てきたので見違えたのである。全員麦わら帽子をかぶっているが、私はひげが濃かったので、三日目あたりで付けられたあだ名は

「メキシコ乞食」であった。

秋は茶臼（ちゃうす）から北岳までの南アルプスの縦走、冬は乗鞍岳の冬山スキー登山、春はまだ雪の残っている穂高涸沢（からさわ）合宿など、一年間に一五〇日間ほど山の中にいたことになる。久しぶりに授業に出て、先生が「大坪くん」と出欠を求めるので「はい」と返事をすると、みんな振り返って私の顔を覗き見た。こんな奴がいたかな――とでも言いたげに。

これだけまっとうに部活動をやると、勉学と両立させるのは難しい。実際、部員のほとんどは教養学部を二年で修了せずに三年以上かかっている。いわゆる留年である。

今は変わったようだが、当時は一年が二学期制である。教養学部は二年四学期制となる。三学期までの成績が集計され、成績の良い者から順番に希望の学科への進学を決めていくことになる。これは「進学振り分け」と呼ばれていた。だから希望の学科に入るためには、入学してからも成績を良くしなければならない。それが山ばかり行っていて、大学に入っても授業に出ないようでは好成績になりようがない。

実は進学先を決める三学期が始まってから迷いがあった。山岳部を続けるかどうかである。あれこれ悩んだが、結局退部して学業に専念することにした。しかし、それまでの山行の多さや授業への不参加の影響は歴然としている。留年せずに進学するためにも猛勉強しなければならない。あの辛い山行をなんとか乗り越えた体験は身体にしみこんでいる。あれを思えばこの世の何ごとも楽勝であると思い定めた。とはいえ、工学部の中でも最も競争率の高かった第一志望の建築学科には当然ながら進学できず、船舶工学科に進んだ。

学究生活

船舶工学科はその後工学部の中で振り分けの不人気学科の一つになってしまったが、私が進学したときは二十学科のちょうど中間にあった。造船業の中心が英国から日本に移行し、また船舶の専用化と大型化が進み、特にタンカーが巨大になりつつあった頃である。船舶の安定性、船舶の抵抗、船舶の安全性など実際の製造物に沿った授業が面白かった。実学の面白さである。

安定性とは、船がひっくり返らない条件を調べることである。重さが上に行くほどひっくり返りやすくなるのは、ボートの中で立ち上がると不安定になることでわかる。船の契約はどれだけ荷を積めるか、どれだけの速さで航行できるかが主要な二項目なので、船の速さを決める抵抗が重要になる。水との摩擦抵抗が大きいが、それ以外に水面に波を起こすことも抵抗となる。造波抵抗と呼ばれる。大きな船の先端下部がぽこんと出っ張っているのはバルバス・バウと呼ばれるが、これで水中から波を起こすことで船体が起こす波を相殺（そうさい）し、造波抵抗を減らすためのものである。安全性は、二十年以上の使用期間中、最も荒れた海象の中でも船が壊れないよう設計されなければならない。その他、船の建造法も学ぶ。

四年になっての卒論は、教授がいくつか挙げたテーマから選ぶ。最後に参考として挙げられたテーマについて、教授からこれは博士論文レベルで難しいから学部生には無理だよと言われたことに少し腹が立って、あえてそのテーマを選び、半年間むきになって取り組んだ。教科書などで既存の成果を理解し学ぶことから一歩進み、未知の新しいことを研究する面白さがわかった気がした。その甲斐あって最優秀卒業論文に選ばれ、造船学会奨学褒賞を得た。自動車メーカーに就職を決めていたが、試験なしの推薦で大学院に入学できると言われて修士課程に進み、さらに博士課程に進学して、未知の分野を研究する面白さの深みにはまりこんでいった。大学院時代は、「有限要素法」というコンピュータを利用したまったく新しい構造分析法の萌芽期と重なり、その基礎の確立と開発にかなりの貢献ができたと思う。論文もかなり書いた。徹夜を続けて論文を仕上げることも多かった。

研究で何かをつかみかけているときは興奮を呼び起こす。ただし頭脳のみのフル回転である。今の技術背景の中で、技術進歩に貢献できるテーマをまず自分で見つけ出さなければならない。良いテーマが選べれば七〇%の成功と言えるくらい、テーマ選びが重要である。たとえば、今までは解くことが望まれていながら解けなかった問題を解決するために、新しい手法による解析方法を考え出す。その方法をコンピュータに乗せるためのアルゴリズム（計算手順）を考える。その方法が正しいことを理論的に証明する。ときには複雑な式の展開が必要となる。検証のための実験も計画しなければならない時がある。しかも時間の制約があり、きちんと成果を出さなければならない。「努力しましたが、うまくいきませんでした」は許されない。冬に研究室に着き、脱ぐ間が惜しくてコートを着たままで式の展開を始めることがよくあった。四六時中、頭の中で考えているからである。

博士論文を書いているときは、朝遅めに大学へ行く前、それに大学から帰宅する前に、パチンコ屋に入ることが多かった。パチンコが好きだったわけではない。チンチンジャラジャラのすさまじい騒音にしばらく浸らないと、頭が熱を持ってフル回転するのが止まらなかったからである。極度に強い刺激を与えないと、研究内容が頭から離れないのである。全身を使っての闘争は全身に血が駆け巡るが、研究は頭だけの局所的な興奮で、いわゆる頭に血が上った状態である。

博士論文を書き上げて審査会に臨んだ。審査結果が合格になった時点で、今後の進路を最終的に決定しなければならなくなった。企業に就職するか学者の道を選ぶか、いろいろ葛藤もあったが、教授の勧めもあり大学に残ることにした。博士課程修了後ただちに一九七一年四月から東京大学工学部専任講師となり、翌年に助教授になった。二十九歳。以来、研究と教育に専念し、一九八五年に教授になった。四十二歳のときである。

海外出張

毎年数回、海外に出張していた。海外の学会への参加が多かった。単に参加することはなく、論文を発表し、招待講演をさせられることが通常である。学会以外にも、海外の大学で一週間ほど集中講義することもあった。

数十回にわたる海外出張でも、最初の海外出張が鮮明に記憶に残る。講師に就任してすぐに上司である山本善之教授から、夏にサンフランシスコで日米会議があるから出るようにと言われた。テーマは、当時萌芽期にあり、その後大発展する構造解析法の「有限要素法」に関する二回目の会議であった。開催場所はカリフォルニア大学のバークレイ校である。

日米からそれぞれ十数名の学者が選抜され、後にこの分野を強力にリードする学者が一堂に会する会議であった。ひと部屋に全員が集まり、正面のスクリーンを囲むようにテーブルがコの字型に並べられ、お互いに顔を合わせて自由な議論をする形式であった。参加者全員が三十分を使って自分の論文を発表し、熱心な質疑応答が行なわれた。三日間、朝から晩まで全員が缶詰状態で会議場にあり、新しく発展していくテーマに取り組む熱気溢れる会議であった。

通常の大規模な国際会議とはまったく形式の異なるこの日米会議における発表の質の高さ、

参加者の熱意は特筆すべきもので、有限要素法の分野での歴史的な会議となっている。このような会議に参加させてもらったことは、自分の研究を認められたことであり、名誉でもあったが、世界レベルの研究者と同じ部屋にいる高揚感は、ほかでは得られない経験であった。

このあとハーバード大学で「座屈」（下敷きを両側から押すと、あるところで突然、力をかけていない横方向に大きくたわむ。このように薄い板の構造は圧縮している力がある限界を超えると急激にたわんで、それ以上の力に耐えられなくなることがあり、これを座屈という。座屈は大きな変形を伴うので大事故につながる）に関するシンポジウムがあり、これにも参加した。右も左もわからない若造が会場に行くと、主催者である著名なハーバード大学教授とその弟子のオランダの教授が寄ってきて、わざわざ自己紹介をしたのには驚いた。博士論文を書く上で二人の論文を何度も読んで引用していた。新入社員が社長からいきなり丁寧に挨拶されたようなものである。

「大坪さんですか、我々はあなたの研究に非常に興味を持っています」と言われ、ますますびっくりした。発表したての自分の論文が読まれていたこと、さらに評価されていたことを知り、ただただ嬉しかった。

日本造船学会

船舶工学科に進学すると、学生員として日本造船学会に所属する。当時この学会は約六千人の研究者・技師の会員を擁していた。タンカーの巨大化競争が始まっており、一九六六年に佐世保重工で建造された出光丸は二〇万積載トンであった。これは二〇万トンの重さの原油を積載できることを意味する。ちなみに船舶の世界では、トンと言っても大きく分けて三種類のまったく別のものがある。たとえば戦艦大和七万トンと言うときは排水量、つまり艦の重さを表している。艦艇のトンはこの排水量で表す。客船などは船の容積を換算したトンを用いる。最近のカリブ海を航行する客船には二〇万トン近い超大型船もある。

助教授になりたての頃は一〇〇万トン積載のタンカーの実現のための課題を真剣に検討する産学共同の委員会ができて、熱気溢れる研究を進めていた。私もそれに参加した。しかし一九七二年と七九年の二度にわたる石油危機で一〇〇万重量トンタンカー構想は消えてしまった。

日本造船学会の会長は大手重工業会社や造船会社の社長クラスと学者・研究者が一年交代で交互に選挙で選ばれる。歳月を経て二〇〇一年に私が会長になった。当時、造船学会といっても日本国内には三つの学会があった。全国区の日本造船学会、関西の関西造船学会、中国・九州の西部造船会である。歴史的にはそれぞれ東京大学、大阪大学、九州大学に深く関係があり、各地方の造船所とも深い関係がある。各々の学会は規模の相違はあるもののそれぞれが講演会を開催し、研究会を持ち、会誌や論文集を発刊している。国際会議も独自に開催される場合もある。

この三つの学会の統一は長年の懸案事項であったが、各学会の歴代の有力者が強硬に反対しており、触れてはいけない項目でもあった。しかし三重構造は外から見て不自然であり、国際的にも窓口がわかりにくい。造船界の力が無駄に分散されて結束が弱くなっていることもある。造船業界としても多重構造は負担も大きく、煩(わずら)わしいと思われていた。

この三重構造を解消することが、数ある会長の職務の中で一番重要であると思った。タブーであるとよけいに闘志が湧くという私自身の癖もある。そのため準備委員会を非公式に立ち上げ、主要造船所の重役達と共に検討を始め、あれこれと折衝を重ねた。大きな反発もあったが、根気強い説得を通じて誠意が徐々に理解され、ついに合意に達して、私の次期会長のときに正式に三学会の合併が実現した。

船舶・海洋構造物国際会議

定期的に開催される国際会議は数知れずある。そのほとんどは個人の研究成果を発表し、世に問う場である。しかし、船舶・海洋構造物国際会議は通常の国際会議と異なる。三年ごとに開催されるが、会議が開催される前の三年間にわたって国際的に協力して共同作業を行ない、その成果を国際会議で発表する。

船舶の設計や海洋構造物の研究・設計に関する分野ごとに、世界の造船国約三十ヵ国の研究者・技師から選ばれた約百七十名の委員から成る十六の委員会が構成される。委員会は三年の間、与えられたテーマに関して最新の状況を調査・研究して報告書を作成し、三年に一回、理事長国で開催される国際会議に委員が一堂に会し、全テーマに関する発表と質疑応答が一週間にわたって行なわれる。

数名、多ければ十名程度で構成される各委員会は、三年の間世界各地で数回集まり、報告書の作成に努める。報告書は国際的な科学書出版のエゼルビア社から三分冊のハードカバーで出版される。この本は世界の専門家にとって造船・海洋構造物に関する研究・設計の最先端を知る貴重な資料となる。

私は日本からの理事となり、日本で二度目の国際会議を開くために努力した。韓国との誘致競争があったが、二〇〇〇年に日本で国際会議を開催することが決まると同時に、私は国際会議議長となり、委員会の構成や委員の選出のために理事会を何度か開いた。各国の利害がからみ調整はなかなか難しかったが、なんとかまとまった。

同時に日本での国際会議開催の準備を始める必要があった。委員以外のオブザーバーを含めると、二百名強が缶詰状態になって一週間続く会議である。まず、開催地をどこに選ぶか。東京は当然候補地であったが、造船ゆかりの地でという気持ちが強く、長崎を選ぶことにした。三菱重工の長崎造船所の協力も得なければならない。委員の登録料だけでは予算的に不充分なので、寄付も集めなければならない。委員が来日して記憶に残る国際会議になるように企画を立てる必要もある。夫人同伴者も多いので魅力的なレディース・プログラムを作らなければならない。議長を補佐するセクレタリアートには横浜国大の角洋一教授になってもらい、東京大学のほか、地元の長崎大学の先生方にも献身的な協力をいただいた。

ちょうど長崎では諏訪神社のおくんち祭りが催されており、会議が終わった翌日には参加者のために席を用意し、目の前での山車（だし）や太鼓を堪能してもらった。会議は成功裡に終わり、参加者から「今までの国際会議で一番楽しかった」と言ってもらえたことが嬉しかった。

今になって思えること

振り返れば思い出は尽きないが、一九七五年からシカゴの衛星都市エバンストンにあるノースウェスタン大学での客員研究員として一年間過ごしたことが印象に残る。ベトナム戦争が直前に終了していたが、アメリカの景気があまり良くなく、研究費が出る分野は限られていて、専門違いの地熱発電のプロジェクトに参加し、数値解析を担当した。アメリカ大陸の地下は安定した花崗岩地層が広がっている。地下の比較的高温の花崗岩層に薄い円盤状の亀裂を人工的に発生させ、水を注入して循環させ、岩で温められた高温水や蒸気でエネルギーを取り出すプロジェクトである。

アメリカでは成果を出しさえすればよい。そのほかのことは好きなようにしてよいという自由さはかけがえがない。自分たちの若さ、エバンストンの明るい雰囲気、新しい友人たち、あの時は自分たちの解放された生命力が輝いていたような気がする。

その他、印象的な思い出は、オックスフォード大学のクイーンズカレッジでの晩餐会でハイテーブルに着かされたこと（「ハリー・ポッター」の映画にあるように、学生のテーブルよりも高い位置にテーブルがあり、教授と客はハイテーブルに着き、異なる専門分野の会話を楽しむ。食事もワインの質も格段に上等なものが供される）、ロシア船籍のナホトカ号が日本海で遭難し、日本海に広範囲の重油汚染をもたらしたとき、運輸大臣が設置した日本側の事故調査委員会の委員長を務め、モスクワでロシア側委員とやりあったこと、日本海事協会のこと、日本計算工学会のこと、日本学術会議のことなど語りたいことはいろいろあるが、これぐらいでやめておく。

まあ、このような生き方をしてきて、いつの間にか七十歳を超えてしまった。たしかにこの歳になって初めてわかることがある。肉体が若いときとは変化して衰えるのはまちがいないが、それを言ってもしかたがない。

しかし、精神は年をとらない。老人は老人らしくという社会の常識や見方を気にする部分や、肉体の衰えを取り去ってみれば、本来人間の精神は少年少女のままである。そんなことをするのは年齢にふさわしくないとか、みっともないとか、他人の目を気にすることをやめれば、齢をとらない精神が顔を出してくる。

小学校などの同窓会で、最初のうちは自分が老けたのを棚に上げて、周りがあまりに爺さん婆さんになったことに驚くが、しばらく経つと幼いときの顔が出てきて、子供時代にタイムスリップする。社会や他人に対する自己規制の必要がなくなるので、ガキ大将やお姫様に戻れるのである。そんなときに病気や孫の話をし続けるのは本当にもったいないと思う。

いつまでも年をとらない精神が表に出る生き方ができれば幸せだと思うし、楽しい人間として受け入れられるのではないだろうか。周りに多少迷惑をかけても、精神のおもむくままに生きていくことが、個人としての輝きを増すのだと思っている。

もともと私は世間の期待に応える優等生的な生き方は居心地が悪くて不得手である。正義感とか責任感はかなり強いと思うが、自分があまり重要でないと思うことや、理屈に合わないと思われる世間の規範に従うことは、苦痛に感じる質（たち）である。

そんな私が武術空手に出会って、本当にラッキーであった。稽古では、肉体より心の動き・精神が重要であり、その心の動きが肉体的にはるかに優れている若者をも崩せることは、精神を表に出すことで得られる快感である。

後章で述べるが、武術において術が効いたとき、右脳（大脳の空間的・音楽的認知をつかさどる部分―広辞苑）、つまり感性脳が活性化されている。この章で述べた私の長い学究人生は、もっぱら左脳（言語的・分析的・逐次的情報処理をつかさどる―広辞苑）、つまり理屈脳を駆使するものであった。とはいえ自分自身はかなり右脳的な人間だと思っているので、武術空手を修業している今、本来の右脳を全開させつつあるのかなと思う。

学校教育はもっぱら知識を詰め込み、論理的に考えることを教える。何も考えずに天真爛漫に生きてきて、小学校に入ってからは知識教育が始まる。集団生活が始まり、お互いの考えを理解し合うために言葉の重要性に気付いていく。また、ルールが大事であることも覚えていく。先生の言うことを素直に聞く生徒になることが要求される。容易に枠にはまることができる生徒が優等生となる。言ってみれば、学校での教育やそのあとの社会人としての経験はもっぱら常に答えを明確に出そうとする左脳を使うことを訓練する。もちろん、他人と共に仕事をする以上、お互いの考えを理解する上で論理的でなければならないし、分析的に物事を進めないと仕事を含め社会生活ができなくなる。人間が共同生活の中で機能的になるためには左脳の働きが不可欠である。

活人術（後述）をやらせるとすぐわかるが、小学生まではすぐにできてしまう。「考えずに」できるからである。中学生あたりから、術をすぐにはかけられなくなる。大人はなかなかできずに非常に苦労する。

いつ頃から、ものを考えはじめたのか。小学生の高学年ぐらいからであろうか。その頃から小さな悩みも持ちはじめた。それまでは何も考えずに、直感だけで動いていた。考えはじめるのは、教育のせいで左脳を使いはじめたのではないか。たとえば好き嫌いにしても、子供は直感で決めるが、大人はいろいろな条件を論理的に考えて好き嫌いを決める。異性を好きになるのに、背が高い、給料が高い、学歴が高いなどの三高の条件を満たすからその人を好きになる——などと、分析的・言語的になっていく。

もちろん、左脳教育を否定しているのではない。ただ、武術をやるには左脳の働きを抑えて、子供の頃のように右脳主体で動かなければならないと思う。

武術空手を始めたことで、小学校から現役時代にかけて一生懸命使ってきた左脳の代わりに、右脳を復権させることになるのかもしれない。

第三章

新しい世界

新鮮な体験

とにかくそんな次第で空手の道に入った。

私の空手における経歴は次の通りである。べつに誇るべきものはない。支部の大会で壮年の部の組手、あるいは型の部で優勝しただけである。ただ、年齢が普通でないのが変わっているところか。六十五歳までは空手の経験はない。

二〇〇八年　六月　六十五歳。極真系の流れを汲む円心会館東京支部に入門。
二〇〇八年一一月　入門四ヵ月で東京支部大会の壮年の部の組手で準優勝。
二〇〇九年一一月　東京支部大会の組手壮年の部で優勝。
二〇一一年　四月　真義館（麻山慎吾館長）の円心会館からの分離発足に伴い所属変更。同時に真義館顧問に就任。
二〇一一年　八月　六十八歳。真義館初段。
二〇一一年一一月　東京支部大会の型クラス（サンチン、ナイファンチン、パッサイ）で優勝。
二〇一二年　一月　東京支部が型専科クラスを開設、指導を始める。

二〇一三年　八月　七十歳。総本部指導員となり、本部直轄東京道場の発足と共に道場責任者。

二〇一四年　六月　七十一歳。真義館弐段。

入門してすぐに、四ヵ月後の試合で闘うことになった先輩の山口さんが寄ってきて、「大坪さんが入る前は私が一番年長者でした」と耳打ちした。そのとき山口さんは五十二歳、六十五歳の私とくらべ十三歳も年下であった。すでに八年の空手歴を有しており、やはり遅くとも四十代の初めには入門していなければおかしいのかと思った。

いざ始めると、自分でも思いがけずに「真面目に通う」ことになった。格闘技が持っている、自分が倒される危険性を感じながら相手と向き合い、大げさに言えば自分の生存のために本能的に闘う刺激のせいかもしれない。頭を常に使っている生活に慣れていると、身体から湧き出す本能的な闘争心に身を任せることは新鮮である。

稽古日は月曜日から金曜日まで二一時から、土曜日は一七時から、日曜日は一〇時から、各一時間半のクラスである。平日の夜が遅く始まるのは、支部長は空手家として生計を立てているのではなく、サラリーマンをしていて残業があるからである。その残業は日によって変わり、なかなか定時には始まらず、早くなったり遅くなったりするのが普通であった。そのため早めに出かけて、駅のそばの喫茶店で支部長からの開始時間を知らせるメールを待つことが多かった。それにしても支部長がサラリーマンをしながら一日も休まず指導していたのは驚くべきことである。後に自分が週に二、三回のクラスを持ってみると、一週間毎日のクラスを持つということがいかに大変であるかがわかった。空手が本当に好きでなければできないことである。

稽古の通常のメニューは、柔軟体操、基本稽古、ミットやサンドバッグを使っての突きや蹴り、組手(くみて)のスパーリングである。スパーリングで相手の攻撃が入ったとき、「うっ」と体を曲げたりすると、相手は図に乗って攻撃してくる。だから攻撃を受けても大したことはないような顔をしなければならない。

「打ち込み」という稽古がある。これは構えてじっとしている無防備な状態で相手の突きや蹴りを受ける稽古である。攻守を変えて交互に行なう。片手突きや左右突きを交互にしたり、下段回し蹴りを相手の太腿に交互に打ち込んだりする。打撃は胸や脚で直接受ける。比較的軽いやりとりで始まるが、徐々に打撃力が増してゆき、我慢の限界で止める。野蛮な稽古であるが、必須の稽古である。

打たれることや突かれることに慣れていなければ試合をすることができない。また、人を殴ったり蹴ったりすることも普通の人は経験していないから、心理的に大いに抵抗があるので、それも払拭しなければならない。当然あざが残ることもある。空手の大会は我慢大会の側面もある。

入門して最初に違和感を覚えたのは挨拶の「押忍」である。この押忍は「こんにちは」であり、「了解しました」であり、「失礼します」であり、返事のすべては押忍で行なわれると言ってよい。しかし「いいえ」は押忍に含まれない。原則として先輩の意見には押忍で返すので、反論するのが難しくなる。文字通り押さえて忍ぶことになる。

最初は言い慣れた「はい」で返事をしてしまうので、支部長から「押忍は？」と注意を受ける。また、支部長の話の短い区切りごとに、反射的な押忍を要求される。結果的に、話の内容を理解し、判断する機能が消えていくことになる。道場の外でも、道場生同士では「押忍」の応酬になり、周りの人達から異様な集団と見られがちになる。しばらくすると、道場生以外の人にも「はい」と返事をするのが難しくなる。友人や家族と話していても「押忍」と口の中で返事をしてしまう。なにせ審査会で「押忍」の声が小さかったり、返事がひと呼吸遅れたりすると減点の対象となるのだから。

現在所属している真義館ができたとき、真っ先に導入されたのが「押忍」の廃止であった。ここでは「はい」と返事をする。館長が「押忍」を廃止した理由は、「押忍」というときに両腕をクロスさせる動きによって身体の気が抜けてしまうことを嫌ってである。世間との調和がとりやすくなってほっとしている。

また、すべての行動は段・級の階級に従ってなされる。後述するように段・級は帯の色で示される。つまり、すべての行動の順番は帯順である。同じ帯なら先に昇級した順番がものを言う。整列の仕方、道場の出入り、その他すべてが帯順で決まる。雑用は帯順の低い者が率先して動かなければならない。これはある意味で非常にはっきりした実力階級世界なので気持ちがよい。ただし空手の実力が上でも、いつも正しい判断ができるとはかぎらないのであるが、下が正論を述べるのは難しくなる。自分の意見を通したければ帯順を上げるしかない。

級と帯

帯の色は白帯を除いて、六色もあるので最初は驚いた。広尾に真義館の本部直轄道場を開いたとき、見学に来た女性が「帯の色は好きなのを選べるのですか?」と聞いたので、道場生は大笑いしたが、もちろん自由に選べるわけではない。

年に二回ないし三回の昇級・昇段審査会があり、昇級すると原則として帯の色が変わるのだが、同じ色の帯が二つの級に対応するので、昇級しても色が変わらない場合もある。白帯は無級で、オレンジ帯は一〇・九級、青帯は八・七級、黄帯は六・五級、緑帯は四・三級、茶帯は二・一級、黒帯は初段以上となる。
ちなみに私の昇級・昇段は次のようになっている。級が不連続になっているのは飛び級である。

二〇〇八年六月　入門、白帯・無級。
　　　　九月　オレンジ帯・一〇級。
　　　一二月　青帯・八級。
二〇〇九年四月　黄帯・六級。
　　　　八月　黄帯・五級。
二〇一〇年四月　緑帯・三級。
　　　　六月　茶帯・二級。
　　　一二月　茶帯・一級。
二〇一一年八月　黒帯・初段。
二〇一四年六月　黒帯・弐段。

級が上になるほど要求されるレベルは当然厳しくなるし、緑帯以上は上級者と見られるので、昇級・昇段の間隔は長くなるのが普通である。以上の帯の色は極真系では共通と言えるが、それ他の団体では、黒帯が初段以上、その次が茶帯、無級が白帯であることは同じであるが、それ以外は異なる。

組手と組手の型

円心会館の昇級審査では組手と組手の型で審査される。組手とは、突き、蹴り、サバキによるルールに従った闘いをすることである。審査会では怪我を防ぐため拳と脚に打撃を弱めるサポーターを着ける。また子供クラスでは顔面・頭部を保護するマスクを着ける。

闘う相手の人数は級によって変化する。初段未満の審査では二人から五人程度の相手と試合をする。極真系の流派では、初段への昇段審査で十人の相手と闘うことが通常要求される。同等レベルあるいは格上の者が次々に相手をし、最後のほうでは立っていることもできない状態になることもある。これは「十人組手」と呼ばれており、やり遂げるのに強い意志力と忍耐力が要求される。これをやり遂げた黒帯は苦難を乗り越えた者だけが得ることのできる強い精神力と自信を持つ。

昇級審査の項目には多くの流派で型の審査が含まれる。しかし型の審査をそれほど重視しているとは言えない。その根底には、組手に型は役に立たないという考えがある。審査内容に型が含まれているから、しかたなく審査の直前に短期間練習するのが普通になっている。特に古くから沖縄に伝わる、いわゆる古伝の型は、フルコンタクト空手からすれば意味のある動きと見られていない。

円心会館では帯に応じて白帯、青帯、黄帯、緑帯、茶帯、黒帯の型という六種類の独自の型を用意している。これは「組手の型」と呼ばれており、四方の敵を想定し、十の異なるポジションにおいて相手の攻撃を受けて反撃し、制圧する動きを連続して行なう。スポーツ空手における実戦に即した型と言える。スポーツ空手に必要な動きをすべて含んだ型である。

昇級するためには現在の帯の型とそれ以前のすべての帯の型をマスターしていることが要求される。つまり、黄帯の者が緑帯に昇級するためには黄帯の型、青帯の型、白帯の型ができることを示さなければならない。各ポジションでの課題が、上級の帯の型になるほど複雑で困難度も増してくる。上級になるほど上段回し蹴りから上段後ろ回し蹴りなど、顔面・頭部を狙う高い蹴り技やその連続技が増えてきて、脚の上がらない私のような高齢者は上段が下段に、せいぜい良くて中段にしか届かないので、別物の動きになってしまう。

また、歳をとると若者とちがい、動きそのものがなかなか頭に入らない。これは広い年齢層を教えるようになって、例外のない事実であることがわかった。若者が数回で型の順番を覚えるのに対し、六十歳を越えると半年かかっても覚えられない場合がある。現在の帯の型はなんとかできるが、今では練習していない過去に覚えた帯の型は記憶がおぼろになっている。

ふだんの稽古の中では組手の型の練習をするのはまれで、ＤＶＤを見ながら自主的な練習で習得しなければならない。一つ一つの動きの要素はふだんの練習に含まれているが、組手の型としての練習は昇級審査の直前になってしまうのが、なかなか覚えられない主な理由でもある。

入門四ヵ月後の東京支部大会出場

入門してから三ヵ月後の九月に昇級審査会があり、毎日のように稽古していたので十級のオレンジ帯をもらった。白帯から帯に色がついたときは嬉しかった。一一月三〇日に東京大会があることは聞いていたが、入門したてであり高齢者でもあるので、自分は関係ないと思っていた。ある日支部長が「大坪さんも出場しませんか」と言ってきた。「えっ？」と思ったが、支部長が私の年齢のハンディキャップを考慮し、想定される危険性も配慮しての判断であると考え、出場することにした。

もとの職業柄、傾向と対策は書籍で学ぶ癖があり、動きの基本を知るため、芦原会館が出している漫画による教則本を繰り返し読み込んだ（芦原英幸監修『芦原カラテ実践サバキ入門』スキージャーナル）。それと同時に宇城憲治師の『武道の原点』（どう出版）を新宿の紀伊国屋で偶然見つけ、これも読んだ。武術空手との最初の出会いである。実は道場でも古伝の型の一つであるサンチンの順番を練習することがあったので、読むことで古伝の型を学ぶ目的が理解できたような気がした。

筋力を使わずに相手を制覇する技が、サンチンをやりこめば習得できると書いてあった。ただし、一つの型の本質をつかむには、正しく習得している師から身をもっての指導を受けながら、十年や二十年はかかるとも書いてあった。当たり前だが、一ヵ月後の試合に間に合うはずはない。それでも、不思議な世界があるものだなと思いながら本を読んだ。

入門したてで経験のまったくない道場生にとって、数年以上の経験を持つ若い先輩は、組手のスパーリングをするとき付け入る隙がない。突きを入れても手でさばかれ、なかなか胴体に当たらない。壁のように感じていた。もちろん黒帯の人達は神様である。

あるとき先輩の一人で頑丈な身体をした緑帯の人に組手のソフトなスパーリングをしてもらった。相手に突きを加えても軽く払われてしまい、一回も突きが相手に届かない。そのとき、ふと思いついて、古伝の型であるサンチンの腕受けを一度してから右拳で突く動作をしてみた。サンチンの腕受けは、右拳をいったん左胸の前にもっていく。そして身体の中央で左腕と交差させて、左腕を上段腕受け、右拳は引手(ひきて)をする（95ページのイラスト参照）。構えからいきなり右拳で突くよりもはるかに緩慢な、遠回りの動きである。ところが、その右拳が思いもかけず相手の身体をかなり強く突いたのである。本当に驚いた。

はからずも古伝の型の「入る」（後述）を曲がりなりにも経験したのである。もちろんそのときはその意味もわからなかった。しかし古伝の型には不思議な力があると思った。このサンチンの腕受けで、第一章に書いたように一一月の大会で闘ったのである。

円心会館では組手は半径三・七五メートルの円の中で闘われる。技が決まると技に応じて得点が加算され、六点になると一本勝ちになる。一般の試合ではなかなか六点は取れず、一本勝ちになることは少なく、勝敗は得点の多いほうが勝ちになる。試合場の外に出ると注意点が課せられ、金的蹴りや相手の顔面を殴るなどにも程度に応じた注意点が与えられる。注意点は違反に換算され、三違反になると即時に負けとなる。同じ得点の場合は違反の少ないほうが勝ちとなる。同じ得点、同じ違反の場合は判定となり、主審を含めて三人の審判（大きな大会では五人の審判）が判定する。

ラウンド時間は二分が原則である。幼児から小学生は一分である。引き分け判定ではさらにもう一ラウンドの闘いが行なわれる。大人の場合のラウンド時間は二分で、これがまた引き分け判定になる場合はさらに一分のラウンドを闘う必要がある。二分は短いように思われるかもしれないが、死力を尽くしての闘いなので充分厳しい。引き分け判定になると両者へとへとになることも多い。決勝戦では原則二分二ラウンドとなる。黒帯級のＡクラスの闘いでは拳と脛（すね）・足のサポーターを着けないので、拳が直接当たるし、脛同士がぶつかる。過酷な闘いである。

翌年、東京支部大会で組手優勝

決勝戦で敗れた試合の一年後の東京大会（二〇〇九年一一月）、私も黄帯五級になっていた。前回の大会で私と闘った山口さん達は一般男子ベーシッククラスに参加し、壮年の部の参加者は少なく、昨年も闘った大手建設会社の営業部長を初戦で破り、前年の決勝戦で負けた黒帯の指導員とまたしても決勝戦となった。私も空手歴は一年半近くなり、技も少しはできるようになっていた。

前年と同じ轍（てつ）を踏むわけにはいかない。ひたすら前に進むだけでは、体勢を前に崩されやすい。左手で袖をつかまれ、首の後ろに右手をかけられ、前に引き込まれる。そのうえ前から内腿を蹴られてつんのめる形に倒されてしまう。内腿蹴りは相手の黒帯の得意技であり、前回はこれで負けてしまった。今回も前に進む攻撃はするが、前に引きこんで倒そうとする攻撃を予想し、バランスを考えながらの攻撃を心がけて闘った。結果は一方的な勝利となった。

ずいぶん後になって知ったことであるが、相手は「負けたのはしかたがないけれど、負けた方があまりにも不甲斐なかった」として、十五年続けてきた空手から引退すると申し出て、周りからの強い説得で考えなおすというひと幕があったらしい。

汗にまみれた身体、胸に突かれた赤い痕、突き指した手足、太腿やあばら骨の痛みにもかかわらず、興奮が収まってから味わう、全身全霊で闘った満足感を伴う心地よい疲労は、全力を尽くしたことへの大いなるご褒美であった。生きるエネルギーが身体の内部から湧き出す感覚である。格闘技は、恐怖を感じながらもそれを克服して全身をぶつけるので「燃える」のかもしれない。

入門した年、何かに憑かれたように稽古をした。二〇〇八年の年末と年始は主に支部長と二人で一二月二七日から一月九日まで毎日、支部長の休暇中は早朝から夕刻まで稽古した記録がある。

ウォーキングと型の稽古

入門一年後の二〇〇九年六月から、近所の有栖川宮記念公園で毎朝一時間のウォーキングと古伝の型の稽古を開始した。支部長に誘われて五反田道場の近くの「林試の森公園」に何度か行って早朝一時間のウォーキングと、そのあとのサンチンの型の稽古をしていたのでその良さは認識していた。後述する左腰への無理な押しこみで腰を痛めていたので、そのリハビリもあり、初夏の六月初めに自分でも始めた。

三〇分も歩くと、痛めた仙骨のあたりに違和感が出てきた。そのうち治るだろうという予感はあった。林試の森公園ほど多くはないが樹木の比較的多い有栖川宮記念公園の中を歩くのは気持ちがいい。しかし決めたコースは一周一五分で廻り終えてしまうので四回廻る。型の稽古は三、四〇分ほどである。公園のどこで稽古をするか最初は迷ったが、大きな広場の隣に小さな広場があり、最終的にはそこでやることになった。人目が気になったが、初めのうちだけである。サンチンから始めたが、今は五つの型をひと通りやる。

型の稽古も大事であるが、ウォーキングも内面を鍛えるのには良いと思う。丹田の意識が強まってくる。内面に向き合って歩いているので、すれちがう人にはあまり関心を持たない。公園の常連には、姿勢を正し、怖い顔をして、早足で歩く、挨拶しても返礼しない不愛想な人と思われるようになったらしい。そのことを後に弟子になった横関さんから聞いた。「社交で公園を歩いているのではないから」と私は言い訳をした。それでも、玉三郎、弥太郎、メロ、ハンフリー、キューちゃんなど、私の顔を見ると駆け寄ってくる犬もいる。

横関さんはミニチュア・ダックスフントとピーグル犬を有栖川宮記念公園で散歩させている。だれにでも「おはようございます」と声をかけ、無視されてもかまわず声をかけ続ける。返事をもらえるようになると嬉しいのだそうである。彼のおかげで、ただでさえ明るい道場がいっそう明るくなった。

第四章

苦痛と達成感のはざまで

身体が硬い

スポーツ空手をやるには身体の柔らかさを必要とする。特に股関節の柔らかさは上段を蹴るのに不可欠である。脚を両側に大きく広げ、前屈して胸が床にぴったり着く人も少なくない。幼少の頃から空手をやっている人は柔らかい。成人してから始めて、もともとは身体が硬かったのが、柔軟体操を繰り返してそこまでなった人もいる。タバコ好きが仕事の合間に喫煙タイムをとるように、柔軟タイムを自分に課して柔らかくなった人もいる。「継続は力なり」は本当である。

私はといえば、人とちがって身体が硬いことに小学校二年生のときに気がついた。マットでの連続前転で身体をうまく丸められず、前転できなかったときである。その後も自分は運動神経がないと気づかされることがしばしばあり、運動能力の高い生徒が人気者になる小中学校ではかなり劣等感を持っていた。

大人になってからも身体の硬さはまったく改善されず、空手を始める前から通っていたスポーツジムでも一、二を争う身体の硬さと言われていた。ストレッチをしているつもりでも、「大坪さん、何をしているのですか？」とインストラクターに聞かれたりする。筋肉と筋にストレッチの負荷をかける体勢までもっていけないので、他人にはその意図が理解できないのである。脚を開いて身体を前に倒す体勢では、脚が九〇度に広がらず、顔を下に向けているだけで、下手をするとそのまま後ろに転げてしまうありさまであった。空手を始めて、審査項目に柔軟性が入っているので、身体は変わるということを信じて努力しはじめた。

二〇〇九年一月、スポーツジムで股関節の硬さをなんとかしたいと思い、左脚を後ろに引いて左腰を反らせる形で、インストラクターに後ろから押してもらった。空手の練習は痛みを精神力でこらえるマゾ的な面がある。なんとか脚を水平以上に蹴り上げられるようにしたかった。「大丈夫ですか？」とのインストラクターの問いに、「大丈夫、大丈夫」とこらえていた。その直後、ガクンというかなり大きな音がして、骨盤が動いた。初めは股関節の自由度が増したような気がしたが、二日後、歩けなくなった。インストラクターが押していたのと反対側の右の股関節が前に押し出され、亜脱臼したのである。診てもらった整体の人が、「これは車で左後ろからぶつけられたようなものだ」と言った。本当に愚かなことをしたものである。

その直後の三浦海岸の民宿合宿で、歩けない私のために四つん這いで這う練習を支部長が考えつき、全員が付き合わされて畳の大広間の周りを一列になり、這いつくばってぐるぐる回った。皆は空手の合宿でなぜ這い這いをしなければならないのか不満をもったことと思う。思い出すと、申し訳なさと感謝の気持ちが湧いてくる。

かなり最近まで股関節のゆがみに悩まされた。直してもしばらくすると、ゆがむのである。以前は右脚のほうが太かったはずなのに、痛みがあって庇って歩くものだから、少し細くなり、筋肉の張りも左脚より劣る。

それよりも、武術空手を始めて困ったのは、相手の中心線に正対しているつもりでも、股関節のゆがみで下半身があらぬ方向を向いていることである。したがって、かかる術もかかりにくい。術のかからないとき、感覚が鋭い道場生によると、私の向きが相手の中心線から五センチぐらいずれていることがあるらしい。自分では正対しているつもりなのだから始末が悪い。まったく馬鹿なことをして、術の習得に無駄な時間を費やすはめになった。今は回復している。型の稽古のおかげだと思っている。

空手の流派

ここで、空手の流派について触れておこう。空手は柔道や剣道と異なり、ルールや昇級審査が全国的に統一されていない。以下の記述はWikipedia「空手道」によるところが多い。

一九六四（昭和三九）年に「全日本空手連盟（全空連）」が結成された。全空連は四大流派をそれぞれ統括する日本空手協会（松濤館流、剛柔流、糸東流、和道流）、それ以外の諸派を統括する連合会、防具着きのルールをとる練武会の六つの協力団体を中心に、「日本の空手道に統一的な秩序をもたらす」ことを目的として結成された。そして一九六九（昭和四四）年九月、全空連主催による伝統派（寸止め）ルールの「第一回全日本空手道選手権大会」が日本武道館で開催された。

しかし同年同月、伝統派空手に疑問を抱き、独自の理論で直接打撃制の空手試合を模索していた「極真会館」創始者の大山倍達（おおやまますたつ）によって、防具を一切着用しない、素手・素足の直接打撃制（足技以外の顔面攻撃禁止制。フルコンタクト制とも呼ぶ）による「第一回オープントーナメント全日本空手道選手権大会」が代々木の東京体育館で開催され、空手界に一大旋風を巻き起こした。大山倍達が存命中は一枚岩と言われていた極真会館もまた大山の死後、極真を名乗る複数の団体に分裂し、独自会派を立ち上げる者が多数出現することになる。

沖縄でも一九五六（昭和三一）年に上地（うえち）流、剛柔流、小林流、松林流の四流派によって「沖縄空手道連盟（沖空連）」が結成された。その後一九六七（昭和四二）年に「全沖縄空手道連盟（全沖連）」が新たに結成された。全空連加盟を容認する沖空連に対して、全沖連は「沖縄伝統の空手が全日本空手道連盟の支配下に置かれることは納得できない」と強い不満を表明した。

一九八七年の海邦国体（夏は沖縄で開催）における空手の指定型は本土四大流派の型であり、型の名は同じでも、沖縄の型で試合に出ることはできなかった。こうして、国体参加を通じて沖縄空手を本土に広めたいという沖縄側の想いは不発に終わった。

以上のように、空手界にはたくさんの流派が存在する。ルールに対する考えの相違もあるし、もともと皆と仲良くしようとする人は空手をやらないのかもしれない。昔、沖縄では空手の名手は武士と呼ばれ、人格も高潔で皆に尊敬されていたと聞くが、衝突によって相手を屈服させることが基本であるなら、分派の流れは続くことになる。

大山倍達に極真会館から破門された「ケンカ十段」芦原英幸（あしはらひでゆき）が芦原会館をつくり、そこから分離して「極真の貴公子」二宮城光（にのみやじょうこう）による円心会館ができた。私が現在所属している真義館は円心会館から独立して発足したものである。したがって極真会館がとり入れたフルコンタクト制を採用し、さらに芦原英幸が導入した投げを含むサバキのルールが採用されている。

昇段審査

入門して三年半後、真義館の昇段審査を受けた。昇段審査は通常、茶帯までの五つの組手の型と十人組手からなる。また真義館では組手以外に古伝の型も要求される。ここではまず、真義館本部で行なわれた昇段審査の様子を述べたい。

二〇一四年一二月二一日午後一時半、本部道場に緊張した面持ちで四十人ほどの道衣姿が集まっている。かなり広い道場が今日は狭く感じられる。黒帯が多い。道場の奥中央に机が備えられ、ジャケットにネクタイ姿の麻山館長が座っている。

年に二回ある昇級昇段審査が始まる。十人ほどの白帯を含む茶帯（二級）までの昇級審査と、六人の茶帯（一級）、さらに初段一人、弐段一人、参段一人の合計九人の昇段審査が行なわれる。

準備体操、基本稽古、移動稽古の審査の後、組手が行なわれる。色帯のうち茶帯・二級は原則五人を相手とし、茶帯・一級以上は原則十人を相手とする。世界チャンピオン経験者三人を含む、約二十人の実力者が相手を務める。十人組手の場合、十人の黒帯が一列になって待機する。列の先頭三人ほどは特に強い黒帯が並ぶ。一分間の組手、一五秒間のブレイクを、待機している黒帯が順次出てきて十回行なう。

まず茶帯・一級で初段を受ける木戸尚登氏の闘いぶりを見てみよう。木戸は実力者の呼び声が高い巨漢で、一二〇キロの体重を一〇四キロまで絞ってこの日に臨んでいる。

最初の相手は直前の全日本大会の出場を最後に競技選手をリタイヤした元世界チャンピオンの三村智樹参段である。主審の「中央に礼」の号令に、双方「お願いします」と館長に礼をし、「お互いに礼」の号令に、「お願いします」と互いに礼をして、「始め！」の号令で組手が始まる。

元世界チャンピオン三村は即座に鋭い攻撃をしかける。連続の突きから鋭い右中段蹴りが

本部昇段審査10人組手。木戸に三村参段の膝蹴りが入る。

激しい音を立てて決まっていく。速い攻撃をカットできず、木戸のボディに炸裂する。それでも木戸は後ろに退かないよう、突きと蹴りを出すよう心がけている。しかし攻撃の速さには明らかな相違がある。常に第一線で活躍してきた三村の速い攻撃は休む間もなく続く。ときおり鋭い膝蹴りも入る。右から入った三本突きの最後の鋭い右突きが左鎖骨の下に入り、その強い衝撃に一瞬木戸の動きが止まる。元チャンピオンの本気の強い攻撃が、逆に木戸の強さを表しているように思う。相手に余裕ある対応をさせない強さである。

大型タイマーの音と館長の手による制止の合図で、最初の組手が終わる。一分が終了した。息つく間もない攻防は一分でも消耗する。しかも、かなり差のある格上の手加減しない攻撃である。

深呼吸で呼吸を整えると、一五秒はたちまち過ぎ、「二人目です」の主審の声と同時に、次の相手が横に並ぶ。二人目もライト級とミドル級の元世界チャンピオンで伊丹道場をあずかる長石学四段である。軸足刈りを得意とし、相手が蹴ってきたときをチャンスとする。特に上段回し蹴りが飛んでくると、「それ来た」とばかりに反対の軸足を刈り込んで一挙に倒してしまう。力まかせに強く蹴りこんでくる足には抵抗できて踏みとどまれるのに、絶妙のタイミングで床を滑らすように刈りこんでくる長石の足に、相手の足は簡単にすくわれてしまう。また、相手の脚の後ろに踏み込む体落しも得意とする。木戸は何度か踏みとどまったが、二度ほど倒された。それでも前に出続ける。

一分が終了し、一五秒のブレイクに入る。深呼吸をし続ける。仲間がタオルと水を出してくれる。木戸はふだんから汗っかきだが、汗が止まらない。季節は冬、最高温度は一〇度で、暖房は消してあり、すべての窓は一〇センチほど開けてあるにもかかわらずである。夏の審査会でなくてよかったと、木戸は荒い息の中で思う。

「三人目」の声があり、次のラウンドとなる。ここからの相手は弐段が続く。四人目を終える頃から疲労が溜まってきて、手足が思うように動かなくなる。息が切れる。それでも、先週館長から聞いた「組手の最中は息を鼻からしろ。口は開けないようにしろ」を守っているせいか、ふだんのスパーリングのときより苦しさは少ないような気がする。「口で息をしていると、しているつもりでも呼吸を止めていることが多い」というのが、そのときの館長の説明であった。

五人目から七人目までは身体が泥のように疲れ、重く、まったく思うように動かない。「退くな」「カットしろ」「手を出せ」と仲間の声援はよく聞こえるが、身体が反応しない。倒れないようにすることで精いっぱいのような気がする。「気力！」の声に闘志を奮い立たせ、突きを入れると歓声が沸く。少し元気を取りもどす。「八人目」の主審の声に、「あと三人」の声援が重なる。「そうか、あと三人か、あと少し頑張れば」と気力が湧いてくる。手足は少し軽くなって、なんとか動く。十人目は本部指導員で神戸北道場の責任者田中孝憲四段である。円心会館当時の世界チャンピオンで重厚な闘い方をする。重い突きと重い蹴り、強い体幹を持つ。木戸は最後の力をふりしぼる。精いっぱい突きと蹴りをくりだす。「やめ！」の合図を聞いたとき、「もちこたえた」と思った。口を閉じての呼吸はすごく効果があるような気がする。

組手が終了すると、呼吸が収まる間もなく、道衣を整えてすぐに型の審査が続く。課題はサンチンとナイファンチンであった。

四段を受ける古田優子参段の審査には、組手以外に型と分解組手（後述）の審査が含まれるので、通常十人組手の代わりに五人組手となる。三人の女性と二人の男性が相手を務める。その中には女性無差別級世界チャンピオンを五回制覇した岩井寿子四段も含まれている。私は岩井四段の輝かしい経歴は知っていたが、出産と育児で指導員を休んでおり、道場で娘さんをあやしている姿しか目にしていなかったため、彼女の闘う姿を見たことがなかった。どのような闘い方をするか非常に興味があった。

岩井四段が古田の前の何人かの女性受験者に対して組手相手を務めているのを見て、さすがだと思った。身長は平均を下回る。しかし闘いの場では軸がまっすぐで揺らぐことがない。重心も低く落ち着いて、重い状態である。これは強い選手の共通点である。揺るがない軸で鋭い攻撃を加えていく。別格の世界チャンピオンの貫禄を見た思いである。

過去の対戦において古田は岩井の存在に阻まれて世界大会では優勝できず、準優勝どまりであった。

組手の一人目はその岩井である。岩井の右下段回し蹴りが重い音と共に入る。次の瞬間、古田の右足が岩井の左足の後ろに一歩踏み込み、岩井の身体が後ろに崩れる。その後、両者のすばらしい攻防が続いた。

ホームページの作成を含む事務作業、各大会では進行や記録係を務めるなど、真義館に多大の貢献をしている古田は、見かけも普通の体型のＯＬである。鍛えられた二の腕を除くとむしろ華奢に見える。組手において相手の動きに反応する俊敏さは、さすが世界トップレベルでの実績を残すファイターだと、あらためて感じた。

四人目、五人目の相手は男性である。息を荒げながらも気力は衰えていない。男性二人の弐段に対して闘えるのか、私は不安に思ったが、男性の強い突き、蹴り、崩しにも充分対応できていた。最後の五人目、井上弐段に対しても、苦しみながらも立派な闘いで終えると思っていた瞬間、最後の最後で、井上の後ろ蹴りが古田のレバーに炸裂した。古田は床にひれ伏したまま「ウォー、ウォー……」と野獣のような叫び声を上げて苦しがる。会場の空気は一瞬にして凍りつき、館長もうずくまる古田に近づき、レバーのあたりをさすっている。

叫び声はそれからしばらく続き、やっと止まった。

後で古田は「止めようと思っても止まらなかった」と言っている。叫び声が収まり、ふらふらしながら立ち上がると、「型。パッサイとクーサンクー」の館長の声が響く。うずくまって叫び声を上げていた直後だけに酷な感じがした。古田は息を懸命に整えながら二つの型を始めた。型が始まると気が集中していくのが感じられた。その後、参段の昇段審査を受ける久保田指導員との分解組手を十種ほど行ない、ことごとく成功させて、古田の審査、そしてすべての審査が終わった。木戸は初段、古田は四段になった。

審査を受ける人だけでなく、組手の相手を務めた多くの黒帯達にとっても、全員が全力を出し切った達成感、満足感につつまれていた。館長の横で見学していた私にとっても感動的な一日であった。

この審査会より二年半ほど前の二〇一一年八月、入門後三年、六十八歳の私は東京五反田道場で初段の審査を受けた。組手の型の後、組手の審査となった。最初の相手は、芦原会館の松山本部道場の内弟子を経験し、同会館千葉地区の支部での指導員をしていた小泉正であった。芦原会館当時は弐段であったが、円心会館では白帯から始め直すので茶帯であった。その経歴からしても、東京支部の中でも組手の強者である。

当然ながら小泉は私を相手に余裕をもった闘いを進め、突き、蹴り、サバキの技を次々にくりだす。私も自分なりに全力を尽くして闘った。終了間際に突然小泉は速い動きで背中を私に見せ、次の瞬間、鋭い蹴りが私のあばら骨の右下部に炸裂した。後ろ回し蹴りが決まったのである。あばら骨だけが身体から分離して急激に後ろに飛び出した感じがした。「ウッ」と呼吸が止まると同時に、重い痛みが走った。

自分ができない技は避けるのが難しいと言われるが、その通りである。本来ならば、相手が回転すると同時に相手の背後をとれる方向に移動しなければならないのだが、未熟さが露呈してしまった。そのとき頭に浮かんだのは、「この苦痛のまま後の九人と闘えるのか？始まったばかりなのに」であった。しかし、焦る気持ちはすぐに収まって、あばらの痛みはあるものの、そのあと岩上支部長四段を含む四人と闘った。呼吸の乱れもあまりなく、淡々と戦ったような気がする。前年十一月から受けていた館長の個人指導の成果が出ていたと思う。

六人目の相手として高橋純指導員（現弐段）がすでにサポーターをつけて待っているのを見て、心を引き締めて後半戦に臨もうとしていた。そのとき支部長は「はい、これで組手審査を終了します」と宣言した。予想していなかったので本当にびっくりした。なぜそこで組手が終了したかわからない。支部長にはその理由を聞いていない。私としては十人と闘うのを覚悟していたし、それほどよれよれではなかったはずである。場合によっては五人組手になることはあるので、私の歳を考慮したのか？　いずれにしても、その終了宣言で張っていた気が一気に緩(ゆる)んだ。「終わった」という思いと同時に、あばらの痛みが戻ってきた。痛みは一ヵ月以上続いた。

私の場合は五人組手で終わったが、フルコンタクト空手の一見乱暴な十人組手は、やった者だけしかわからない達成感がある。苦しみに耐えたことが、ちょっとやそっとのことでは折れない心の強さとなり、自信となる。これが黒帯の威圧感となり重みになると思う。真義館ではフルコンタクト空手と活人空手のコースを用意しており、活人空手（武術空手）を学んできた者にはこの組手を要求されないが、かわりに武術空手の術が審査される。

フルコンタクト空手家はマゾか

整形外科医の小坂正医師とは縁があって知り合いになった。館長セミナーに参加されたときに稽古の相手をして以来、なぜか私のことを評価してくれている。患者さんの中で武術に興味ある人には、「本格的な合気を知りたければ、大坪のところに行け」と見学を勧め、そのまま入門した人が五人もいる。

小坂医師が空手の大会のリングドクターをしたときの話をしてくれた。ある選手が相手の中段回し蹴りを腕で受けたとき、肘（ひじ）が内側に折れ曲がってしまった。骨折か脱臼かわからない。小坂医師は病院に連れていきレントゲンを撮ってから対処法を考えようと提案した。そこに黒帯がやってきて、いきなり負傷者の曲がった肘に手をやり、グリッとひねると、正しい形に戻った。「ほら、これでよい」。そのとき小坂先生は、フルコンタクトの極真選手は一般人といかに異なる日常を過ごしているかを感じたと言っている。

一九七九年の全日本選手権大会で極真の重戦車と呼ばれた中村誠選手が優勝したが、準々決勝では反則勝ちであった。相手は長身のK選手で、二度にわたって顔面パンチの反則を犯した。そのため中村選手は前歯を何本か折った。試合が終わった後、中村選手は仲間に、「あいつ、勝てないからわざと顔面パンチを打ってくるんだよな……」と、前歯のない口を開いて嬉しそうに笑っていたという。「前歯がなくなると一生不便だし、痛いはずなのに、相手を非難するでもなく、本当に楽しそうに話していたのですよ」と小坂医師は言った。

小坂医師の医院は池袋にあり、同じ池袋に極真会館の本部がある。

「先日、極真会館の女性の道場生が来院しました。二十歳代の長身の美人さんですが、前蹴りをしたときに、相手の肘に足の親指が当たり、その親指を痛めたと言ってきたのです。レントゲンを撮ると末節骨が砕けている。レントゲンフィルムを見せながら、粉砕骨折ですが変形がないから、このまま自然にくっつくのを待ちましょう、ギプスなしでも大丈夫と伝えたのです。するとその女性は稽古してもよいですかと聞くのです。蹴りはしないでください、親指に負担がかからなければよいですよと言ったら、彼女は『ありがとうございます、押忍！』と即答し、道場に戻って稽古を続けるべく、嬉しそうに出て行ったのです。驚くでしょう、女性がですよ！」

フルコンタクト空手に怪我はつきものである。稽古をし、怪我をし、治し、また稽古をし、怪我をし、それを繰り返すと言われる。

怪我というのは真剣なときより気が抜けた状態のときにしてしまうことがある。ある日の稽古で、日本拳法初段を持つ円心会館青帯の三十歳の警察官とライトスパーリングをした。私は黄帯であった。ライトスパーリングということでサポーターを着けずに、軽く突いたり蹴ったりしていた。サポーターは拳用と脛・脚用がある。いずれも双方の衝撃を弱めるためであるが、黒帯以上の組手の試合ではサポーターを着けない。

相手が下段回し蹴りをし、私はそれを脛で受けた。一瞬鋭い痛みと嫌な感触があった。脛を何かにぶつけると痛いものである。少し腫れたりする。ところが、このときおそるおそる触ると、脛が大きく凹んでいた。相手の脛の形のまま、長さ三センチ、深さ二センチほど半楕円形に凹んでいる。青年の骨密度が私の骨密度よりもかなり高かったのだと思う。このように否定できない身体の衰えをはっきり示されるとがっくりくる。

恵比寿に上手な整骨院があると支部長が教えてくれた。電話をしたが、予約がいっぱいで二週間先まで診られないと言う。しかたがないのでそれまで待つことにした。脛は凹んだままになってしまうのかと思った。何日かすると凹んだ部分に液体のようなものが溜まり、ブヨブヨしてきた。

待ちに待った予約の日に雑居ビルの四階にある整骨院に行った。「これは骨折です」と言われた。そこは、NASAの技術者であった人が開発した身体構造論という理論に基づいて治療を行なっていた。そこで受けた治療は氷水を満たしたバケツに脚を浸けることであった。

それも三〇分間である。数分も脚を氷水に浸けていると非常な痛みがあり、通常の人は続けられなくなるそうである。それまでの稽古を通して、かなり痛みにマゾ的になっていたので、出そうになる唸り声も押し殺して我慢した。まさに「押忍」である。

これを何日か続けると、窪みのグジュグジュが次第に盛り上がり、硬くなってきて、もとの脛の形になって固まってきた。人間の身体の不思議な仕組みに感動した。

第五章

麻山慎吾館長の神技

運命の分かれ道

麻山慎吾館長に会うことなく、武術空手に触れてもいなければ、今どうしているだろうな、と考えることがある。成り行き、気まぐれで入門した空手の道だったが、当初、スポーツ空手というものに、わりに実直に取り組んだ。頭をこき使う現役時代とまったく異なり、全身を使う歓びと、身体を張って粋がるような多少乱暴な高揚感とを楽しんでいた。スポーツ空手そのものの刺激と若者と交わることが、まちがいなくわが身の老いを多少遅らせてくれるような気がする。

しかし、あのままだったらあれから七年経った今もスポーツ空手を熱心に続けていたかは疑問である。初期に感じたあの興奮を感じ続けることができていただろうか。いやいや、もしかすると、初段を取ったあたりから正気（？）に戻って、熱も少し冷め、道場にも月に二回も通えばよしとする状態になっていたのではなかろうか。身体も六十五歳のときよりは確実に衰えているし、組手もしんどくなり始めている。

正直言えば、六十五歳当時凝っていたサーフィンも今では難しいと思う。海面に突っ伏した状態から一気にボードの上に立ち上がる全身のバネは残念ながら今はなくなっている。大波の中で瞬間的にバランスよく正しい位置に足を置ける自信はない。やはり、他の趣味と同様に、スポーツ空手への熱意も少しずつ減退していっていたのではないだろうか。スポーツ空手の第一線で活躍した選手もほぼ三十歳代で引退し、五十歳代では道場に出ることもなくなるのが普通なのだから、それが当たり前である。

ところが麻山慎吾館長に出会ってしまった。私はすぐには気付かなかったが、ここが運命の分かれ道だった。館長に武術空手への入り口を示され、その深部を覗（のぞ）き込んでしまった。そこから世界が変わった。スポーツ空手と武術空手はまったく別物であった。それまで会得した鍛錬や理屈がある意味無用になった。筋力を使わず、心を使うのである。筋力を使わないから、老いとは関係ない。衰えていく肉体とちがい、心は進化させ続けることが可能である。

有限が無限に変わっていく。常に進歩し続ける未来がある。これはすごい、これはとんでもないものだ、これぞ私が求めていたものだった、と気が付いた。そこには生き甲斐があった。

不思議な力

私は右の追い突きで相手の胸をめがけて思いきり突いた、と思った。しかし右腕は伸びずに突きは途中で止まったまま、身体は固まり、見えない壁、厚くて柔らかくて大きい壁にぶ

麻山慎吾館長のクーサンクー。

つかったように、後ろに跳ね飛ばされた。相手は腕受けで受けているが、その動きが見えない。何が何だかわからないまま倒されている。

相手はただ両腕を胸の前で交差させ、左腕受け、右引手を行ない、そのまま私の右腕に軽く手で触れただけである。何度繰り返しても同じように倒される。強く突けば突くほど跳ね返りは強く、倒れ方も激しくなる。激しく倒されても不快感はなく、むしろ嬉しい気持で倒される。

まるで絶対の存在を前にしたデクノボウみたいだ。自分の存在がこんなにも軽いものなのか、こんなに無力なものなのか。これまでのスポーツ空手で経験してきたものとは異次元の経験であった。二〇〇九年、麻山慎吾真義館館長（以下、麻山館長あるいは館長と呼称する）の個人指導を受けた最初の日の印象である。

実は、それ以前に私は麻山館長の不思議な力を経験していた。私がその力を最初に身体で体験したのは、右の個人指導を受ける前の二〇〇八年一二月、初めての大会に参加した一ヵ月後であった。後で述べるように、当時麻山館長は円心会館関西本部長であった。館長が米国コロラド州デンバーで人間業とは思えない驚愕の力を示したとき、それを身をもって経験した岩上東京支部長はその術を習得したいと、麻山館長の指導を受けるため定期的に大阪に通うようになり、さらに毎年一二月には東京道場に指導に来てもらうことになった。

その出張指導の翌日、東京支部の主だった道場生といっしょに館長を羽田空港に見送りに行ったときのことである。昼食時で、空港内の中華料理屋にテーブル席を確保して食事をすませた。私の右隣に岩上支部長が座っていた。

そのときのことである。館長が「岩上支部長、大坪さんの右手首を両手で強くつかんでください」と言った。椅子に座った岩上支部長は私のほうに向きなおり、両手を伸ばして痛いほどの強い力で私の右手首を握った。館長は「大坪さん、この方向に右手を動かしてごらんなさい」と、支部長の前面の開いた空間を指さした。強く握られて固定した私の右手はとても動きそうもない感じがした。「この方向ですよ」と、もう一度館長に促されて動かした右手には、何の抵抗も感じられなかった。ところが次の瞬間、岩上支部長は床に四つん這いになっていた。あまりに速い変化で、椅子に座っていた支部長がどのように四つん這いになったのか捉えることはできなかった。心底驚いた。武道家を自負している岩上支部長が床に四つん這いになったまま呆気にとられていた。その顔を忘れることができない。

麻山館長の東京出張指導

その頃館長の指導は円心会館の枠組みの中で行なうよう心がけており、真義館で後に重要となる沖縄古伝の型の指導は遠慮がちであった。組手の型をベースにしたサバキ技の指導が

サンチン 腕受け

主体で、サンチンの型の指導もあるという感じであった。たくさんの道場生が一斉にサンチンをする中、館長が移動しながら一人一人に触れて腕の形を正したり、運足（うんそく）を正したりしていた。

我々に型の指導をした後、館長は腕受け（上のイラスト）の分解組手を支部長や指導員たちに特別に指導していた。我々色帯は周りでそれを不思議なものを見るように見学した。私には手の届かない強い存在である支部長はじめ黒帯たちが館長に鋭い突きを試みるが、拳が届く前に文字通り赤子のように転がされていく。

古伝の型が正確にできているかを検証するものとして、「分解組手」（約束組手ともいう）というのがある。相手の攻撃パターン

「腕受け」分解組手　①追い突きに対し、

②腕受けで無力化し、

を右の突きとか右の前蹴りとか前もって決めて攻撃させ、それを受ける稽古を分解組手と呼ぶ。事前に何も決めずに自由に攻撃し合うのは「自由組手」と呼ぶ。

型が正確ならば、相手の攻撃を単に受けるだけでなく、受けが同時に攻撃になっているので相手を容易に崩すことができる。

突いてくる拳をただスポーツ的に腕受けで受けると、たしかに相手の突きを防ぐことはできるが、即座に相手の左の拳が飛んでくる。95ページイラストにあるように、サンチンの腕受けの両腕の動きが正しくできると、前節で述べた館長指導のように、突いた相手は動きが固まってしまい、攻撃の突きが不成功に終わるだけでなく、触れられるだけで倒されてしまう（上の連続写真は著者が「腕受け」分解

③軽く触れ、

④倒す。

組手で倒したものを示す）。

腕受けの腕は、相手の突きにバシンとは触れていない。

スポーツ空手における突きと蹴り、相互に繰り返されるサバキの応酬とはまったく異なり、一瞬で攻撃するほうが倒される。館長に力みは一切感じられない。静かに型通りの動きをしているだけである。「相手の攻撃のことは考えずに、型の通りに動けばよいのです」と館長は言う。それで相手の身体が固まり倒れるのが、私には理解できない。狐につままれるとはこのことか。

今にして思えば、館長は「入り込み」（後述）をしていたのである。「入り込み」の究極は一つであるが、ほかにもいくつかの方法があり、当時の館長が用いていたのは、宮本武蔵が言うところの「後の先」をとる「入り込み」であったと思う。

最初の出会い

私が初めて麻山館長に会ったのは二〇〇八年一〇月二五日、円心会館の全日本大会が大阪府立体育館で開催されたときである。例年、全日本大会は大阪で行なわれており、大阪支部が開催の準備と運営を任されていた。なぜかわからないが東京支部長がオレンジ帯・一〇級の新米の私を大阪に同道させた。大会前日に会場を訪れた。よくプロレスの試合が行なわれる会場である。

新米の私にとって黒帯ははるか彼方の人であり、まして支部長先生方は神様である。東京支部長の後ろに隠れるようにして会場に入った。現場では床の上に一段高く足場を組み、その上に畳を並べる作業が進んでいた。多くの大阪支部の道場生が一所懸命作業に取り組んでいた。

設営準備が進んでいる会場の片隅に、かがみこんで足場のボルトを締めている頑強な身体の人がいた。その人が当時の関西本部長・大阪支部長、現在の真義館館長、麻山慎吾師であった。支部長クラスともなればドンとかまえて雑用はすべて道場生がすると思いこんでいたので、こんな作業を皆といっしょにしている大阪支部長を見て、「こんなことをするのか！

すごい人だなあ」と驚いた。「麻山支部長……」と東京支部長が呼びかけると、こちらを見やった麻山館長は優しい笑顔を向けた。

「大会の準備は非常に大変で、自分一人ではできない。それでも自分一人でもやる覚悟でやっています。道場生には一年間で一日、円心会館に時間を頂けることができるなら全日本大会のためにくださいと何ヵ月も前からお願いしています。どれだけの人が手伝いに来てくれるのか、蓋を開けるまで心配です。現場で皆の顔を見たときは、来てくれたのかとほっとし、感謝します。みんな全力で協力してくれるので本当にありがたい」との館長の言を後に聞いた。作業は一番先に始め、最後に全部チェックして退出するのが麻山館長である。

最初の出会いは大変印象的であったが、挨拶だけで会話をする間もない簡単なものであった。強そうであるが優しく、自分を飾らない人であると強く感じた。

この円心会館の全日本大会には、今でも思い出すと冷や汗の出る後日談がある。

大会が無事にすんだ後、懇親会で末席を探している私を東京支部長が手招きした。真ん中の席である。強く辞退したにもかかわらず支部長は私を呼ぶ。断われないのでそちらに向かうと、席を指定された。真向かい右がなんと二宮城光円心会館館長、私の真向かい（二宮館長の左隣）は遠路はるばる来日した中野靖彦チリ本部長、そのほかその席にいるのは極真会館からの来賓、支部長連の錚々たるメンバーである。中野チリ本部長が不審そうな顔を私に向けた。自己紹介すると、余計不思議そうな顔をする。当たり前である。そこは私などのいる場所ではない。

私の右隣は東京支部長だが、挨拶をした後は口を開くことなくひたすら肉を焼き、二宮館長に供する。私が手伝おうとしても、その任にあらずと何もやらせてもらえない。神々の真ん中で異物たる私はひたすら身を縮めているしかない。大会の優勝者やスタッフは遠くの席にいる。おまけに大会の最大の貢献者である準備と運営の責任者、麻山大阪支部長もはずれの席にいる。いろいろな会合や集まりに出た経験はあるが、こんなに居心地の悪い席は初めてであった。

焼き肉食い放題の懇親会であったが、二宮館長への給仕の合間に東京支部長は私の皿にも肉を載せてくれる。余計に汗が出る。何のためにこの席に嫌がる私を呼んだのかまったく理解できないまま、しばらく時間が経った。寡黙な二宮館長は両隣の方々とごくたまに二言三言交わすだけである。東京支部長の差しだす焼き肉を黙々と食べている。その鍛え上げられた身体は超一流の空手家であることを示しているが、まったく偉ぶるところのない優しい雰囲気の方である。

私も居心地悪さに慣れてきて、何もしていないことに自責の念を感じた。通常の感覚では、向かいに座っていて声をかけないのは失礼である。空手の知識はまったくないのだから空手の話をしても埒が明かない。急遽、アメリカでのご子息の教育の話などをした。二宮館長もかなり乗って、楽しそうに話が弾んだ。

東京に帰ってから、「あなたは調子に乗りすぎだ。話しかけられたときだけ押忍と返事をすればよい」と東京支部長に叱られた。まだまだ新しい世界になじめなかった。

稽古の鬼

麻山慎吾館長は一九六六年大分県で生まれた。十五歳から空手を芦原会館で始めた。芦原会館時代には、当時就職した自衛隊での赴任先、北海道留萌で支部長となる。二十歳のときである。入門してきた高校二年の鈴木伸寛現師範、さらに山下靖史現鹿児島支部長とも出会うことになる。転職のため留萌を離れ東京に移る。

芦原会館から独立して円心会館を立ち上げた二宮城光館長に憧れ、雑誌『月刊空手道』に載っていた内弟子募集の記事を読み、本部のあるアメリカ、コロラド州のデンバーに行き、一九八九年に内弟子となる。身長一七二センチ、日本人としては平均的であり決して大きくない。この体格で筋骨隆々の大男のアメリカ人を相手に戦わなければならない。フルコンタクト空手の看板を背負っていたから、必死のウェイトトレーニングで筋肉を鍛えた。

一九九〇年に二宮館長から大阪支部をつくるよう命じられて日本に戻り、大阪支部長となる。大阪での知り合いが一人もいないので、支部立ち上げまで非常に苦労した。麻山館長の大阪支部立ち上げを知った鈴木伸寛現師範は、再度指導を受けるため北海道での仕事をやめて大阪に移る。鈴木師範は館長の貧乏暮らしに驚いたと言う。その後鈴木師範が円心会館北海道支部を札幌に開いたとき、一年間弟子がいなくて同様な経験をすることになる。

館長は円心会館の世界大会、サバキチャレンジのチャンピオンを目指してアメリカで始めていた過酷なトレーニングを大阪でも続けた。鍛えすぎて身体が壊れていく。筋トレは部分を鍛えるが、バランスが崩れたのである。その結果、二〇〇四年まで激しい腰痛に苦しんだ。朝、一時間くらいかけなければ立ち上がることができない。奥様も「この人はこれから一生車椅子の生活をする」と覚悟を決めていた。道場では竹刀を支えに立って、道場生の指導をした。道場生は竹刀で叩かれるのではないかと恐れたという。日本全国、名医がいれば飛んでいき、上手な整体医がいると聞けば駆けつけた。だが、少しも良くならない。

どのようなトレーニングをしていたかは、以下の例でわかる。

スポーツジムで「今日は失神するまで負荷をかけます」と言って、インストラクターをあわてさせ心配させる。言葉通りやり遂げる強い意志を館長が持っていることを知っていたからである。「さすがに失神はできませんでした」と今は言う。極限まで負荷をかける筋肉トレーニングであった。ふくらはぎにボウリングの球が入っていると言われた。過ぎたトレーニングのせいかどうかはわからないが、怪我に悩まされ、念願の世界大会での優勝は手にすることができなかったが、大変強い選手であった。

弟子には大勢の円心時代の世界チャンピオンがいる。現肩書きで言うと、鈴木伸寛師範、土居哲也支部長、竹内大策支部長、それ以外に、長石学本部指導員、岩井寿子本部指導員、田中孝憲本部指導員、三村智樹参段である。円心会館大阪支部は世界チャンピオンの宝庫であった。彼らは異口同音に、館長と一心同体で優勝できたと言っている。館長の骨身を削る指導を通じて、その強い思いが選手に注入されていく。

腰痛に悩まされながらも、世界大会直前の追いこみの組手練習では館長が自ら相手を務めた。世界大会に出場する数名のトップファイターがスパーリングを行なう。一ラウンド三分と時間を決めて各自五ラウンドほど行なうのだが、驚くことに全員の相手を館長が一人で行なうのである。六人で三十ラウンドである。トップファイターの話を聞くと、一ラウンドのスパーリングの後、他の五人がスパーリングしている間は休めるが、それでも全力を出しているのでへとへとになるそうである。館長はまったく休みなしに三十ラウンドをこなす。痛み止めの注射を打っていたそうである。

館長は、「腰痛で身体がきついときほど、あえて『組手をしようか』と誘ったのです」と言っている。腕の骨が折れていて、本来はギプスをしなければならないのに、ギプスなしでスパーリングをして、再度骨折したこともある。肉体をはるかに超えた精神力の強さである。

光る点

激しい腰痛にもかかわらず、それを悟られないように指導を続けていたが、館長は内心このまま空手の指導を続けるべきかどうか悩んでいた。半生のすべてをかけてきた空手を棄てることは、まったく別な生き方をゼロから始めることである。大型免許を持っているので、それで暮らそうかとも思った。

しかし空手は大好きで離れることはできない。いろいろ考えたすえ出した結論は、「空手が悪いとは思えない。自分の考え方や取り組みが悪いので、このような身体になってしまったのだ」であった。そこから空手に対する正しい取り組みを探りはじめた。

高校生のときに習っていた型に解決の道があるのではないかと直感的に思い、ある空手家に古伝の型の教えを請うことで、空手に対する正しい取り組みを探る第一歩を踏み出した。ビデオも撮らせてもらい、サンチンとナイファンチンの稽古を始めることにした。館長は持ち前のとことんやり抜く性格もあって、指導が終わってからも夜遅くまで延々と型の稽古を続けた。稽古を進めるにつれて、ところどころに違和感が生じてきた。インターネットや市販のＤＶＤにはいろいろな人のサンチンが公開されている。これらも調べてみた。運足(うんそく)の仕方、腕の動かし方、呼吸の仕方、いずれも何かがちがう。

そのうち、自分でもできていないところが気になりだす。足の内側への絞り、引手の納まり、一平面上を移動する突き、両肘の絞り、呼吸法等々。すごいところは一箇所でも気になるところが出てくると、それを直すために一ヵ月あまりの時間をかけることである。しかも一人で型の稽古を続けていて、気が付くと夜中の二時になっていることもある。

こんなこともあった。子供の夜のトイレの世話で起きたとき、ベッドからの最初の足の踏み出し方が型から外れていて気に入らず、そのまま朝まで運足の練習を続けた。寝ぼけた状態での足の踏み出しが気に入らないとは、常人の感覚ではない。一ヵ月あまり一つのことを修正に努めると、次の問題点が出てくる、またひと月かけてそれを直す。稽古はその繰り返しであると館長は言っている。

サンチン、ナイファンチンの型稽古で、中心軸を意識するようになる。腰痛で立っているのも容易でない状態で型を続け、型と同時に、自分の腰痛をなんとか改善するために考えついた体操も始めた。腰、股関節、肩関節などの関節に繰り返し軽い負荷をかけては緩め、関節の可動域を徐々に広げていく体操である。この体操は、痛い動きなしで自然体を求めていく体操として完成され、「根幹トレーニング」として後に公表される。サンチン、ナイファンチン、根幹トレーニングのセットを日課とするようになった。持ち前の性格で、かなりの時間、というか、異常に長い時間をかけて行なうことになった。信じられないことに、根幹トレーニングだけで一日八時間になることもあった。

型と体操を始めて約一年、座っていると腰がグイッと動いたのを感じた。後ろに凸に丸まっていた腰椎が、前に押し出されたのである。腰椎が押しこまれて仙骨が立った状態になったのだ。その瞬間、腰が正常になった。あれほどの苦しみ、一生治らないと覚悟を決めていた腰痛が治ったのだ。二〇〇四年、三十八歳のときである。十数年にわたる苦痛から解放された。

しかし不思議なのはその後の同じ年の経験である。型の稽古は継続していたが、腰痛が治ってしばらくしてナイファンチンの動きの最中に、突然身体に電気が通ったような感覚に見舞われた。「バチン」と大きな音がしたようにも感じた。そして、世の中は垂直軸と水平軸でできていることが妙にはっきり認識できた。

そのときから不思議な力が身についているのを感じた。

黒帯に攻撃させてみて、触れるか触れないかで相手が倒れることに気が付いた。相手の周りに光る点が見え、そこに拳を出す、身体を進める、蹴りを出す――すると相手は無抵抗で倒れてしまうのである。その光る点は複数で、相手の身体だけでなく、周りの空間にも生じるのである。館長がすることは、どれか一点を選び、そこに拳などを進めればよい。強い突きや蹴りである必要はない。ただそこに手足を出せばよい。後に述べる「統一体」になっていたのであろう。

　以前はそのような光る点が見えるような能力は一切なかったと言う。それまで関西本部長兼大阪支部長という責務とフルコンタクト空手の中で行なってきた過酷な研鑽が大きな根っことなり、古伝の型を繰り返すことによって、地上に芽が出てきたのだと館長は言う。

　その年の暮れ、アメリカのデンバー本部を訪問していたが、同年の世界大会でヘビー級の優勝を飾ったチャンピオンに相撲をしないかと誘った。数ヵ月前まで腰痛に悩んでいて立つのがやっとであることを知っている他の支部長達は「えっ」と驚いた。なんと無茶なことを、しかも今年の世界へビー級チャンピオンに対してとんでもない挑戦をするものだと。

　ところが、組むと同時に相手はコロンとひっくり返された。信じられない思いでそれを見ていた人々の中に岩上東京支部長がいた。「私にも相手をさせてください」と挑戦した。結果は前者と同じである。見ていたときと異なり、館長の身体が壁のように感じられ、強大な力で倒されてしまったのである。抵抗しようにも、まったくそれができない、肉体から出ているとは思えない強大な力である。

　この経験から、今までとはまったく異なる世界があることを知り、岩上支部長は定期的に大阪へ出向き、館長の個人指導を受けることになる。東京支部が早い段階で組手の他にサンチンを稽古のメニューに加えたのも、それがきっかけであった。

館長は当初、何も期待することなくひたすら型をやりこんでいた。型そのものにそのような力があるとは微塵も思わずにいた。しかし生死をかけた闘いの中から生まれた古伝の型には秘められた力があったのである。

型が有するこの力を引きだすには、正しい型の稽古を積み重ねなければならない。正しい稽古は、すでに術を自在にできるレベルに達している師の指導が不可欠である。古来沖縄でも、選ばれた弟子に「一子相伝」のような形で教えていった。できる人のみが、できる人をつくり上げることができる。館長は独学の人である。常軌を逸した激しい稽古と、正しさを追い求める真摯さが師を不要とした。

我々には麻山館長という師がいるので、ある意味、楽だと思う。まず進むべき方向が見えているからである。ひたすらその方向に進めばよい。道に外れたら正してもらえる。館長は、何かを得られると思って型をやりこんだのではない。ひたすらやっていたら、ある日、不思議な力がやってきた。我々は不思議な力があることを前提として型の稽古を続けられる。目的なしで常軌を逸した努力ができる館長は驚異の存在である。ただし、目標がわかったとしても、求め過ぎる欲は習得を阻害すると館長は言う。「ただ型をすればよいのです」と。

「私ほど稽古をしている人はいないと思います」と、館長は言い切る。最初から弟子とは大きな差がついており、さらにその差は加速度的に開いていく。我々が自分なりにいくら努力をしても、同じ差を保つことはできない。はるか先に出発した新幹線を自転車で追いかけるようなものである。「進化するとは、まだ未完成であるということです。進化すると嬉しくなります」と館長は言う。光る点が見えて以来、求めているわけではないが身体が変化する現象はときどき起こり、そのたびに新しい武器が身についていることを感じると言う。

サンチンの動き

沖縄古伝の型サンチンのことがすでに何度か出てきている。どのような型か、簡単に紹介する。

サンチンは前後の動きが主となる。運足は絞った足で滑るように行なう。サンチンの型の流れは、両構えから突きの三度の繰り返し、転身から腕受けの二度の繰り返し、三本突き、中割れ(なかわ)、虎口(とらくち)の左右繰り返しを行なう。

本書は教則本でないので、型のうち次の基本の動きのみをイラストで示す。

①両構え・突き・両構え、
②転身・腕受け、
③虎口、

①では、「両構え」から、片方の拳を中心に通して引く「引手（ひきて）」をつくり、同じ拳で「突き」を行なう。そのあと「両構え」に戻る。

②腕受けでは、一八〇度の転身と同時に、両腕を交差させて、左上段受け、右「引手」をつくる。運足も、右足前の右サンチンから左足前の左サンチンに変わる。

③虎口は、左右の手の動きは各々単純であるが、左右異なる動きであるので初心者は苦労する。手の動きと同時に後ろに下がる運足も行なう。

サンチンでは肩の落ち、肘の締めが重要ポイントである。

サンチンをやりこむことで身体が変化していく。手・足・丹田が感覚的につながり、統一体としての動きができるようになる。

このような統一体ができると、「入り込み」ができるようになり、相手が攻撃してきても何も恐れが生じず、安定した心境で最適の動きが自動的にできる身体となる。

サンチンの動きのすべてが、相手の攻撃を崩す威力がある。腕受けの分解組手はすでに示している（96〜97ページ）。別の例としては、虎口によって崩した結果が114ページにある。追い突きに対して、正しい虎口の動きをすると、相手は無力化され崩れる。左手で相手に触れているが、倒れる相手を支えているのであって、相手を倒している手ではない。

サンチン 両構え・突き・両構え

サンチン 転身・腕受け

サンチン 虎口

「虎口」分解組手で倒す。

真義館発足

二〇一一年四月五日、円心会館の麻山慎吾関西本部長は円心会館から分離独立して、空手道「真義館」を興し、館長に就任した。

その際、師範北海道本部長鈴木伸寛六段、高知支部長土居哲也五段、東京支部長岩上隆一四段、広島支部長竹内大策四段、鹿児島支部長山下靖史四段らが真義館設立時に合流し、直後に千葉支部長小川康成四段が加わった（肩書きは現ポジション）。その多くは若年の頃から長い間、館長の滅私の指導、薫陶を受け、館長のためになんとか役に立ちたいと願う人達である。この節の末尾に師範・各支部長の略歴を載せるが、円心会館時代に世界大会での優勝経験を有する人も多い。

館長はつねづね言っている。「二宮館長には二十年の間大変お世話になった。深く感謝している」と。組織の中で、麻山館長の誠実な想いが通りにくくなり、苦悩のすえの決断であったと私は推測する。

真義館設立時の館長の想いは次の「屋号変更のお知らせ」に示されている。

「真」とは嘘、偽りのない正しいこと。真実、真心。

「義」とは人として行なうべき正しい道。利欲にひかれず筋道をたてる心。

「真」と「義」は私が大切に思うことであり、……新流派の名前にしたいと思い「真義館」といたしました。

私達の流派は最も人から必要とされる流派でなければなりません。そのためにも、たとえ友人同士、先輩・後輩でも自然の礼節を忘れてはなりません。

真義館では、実践に使えない礼儀作法は行ないません。夢のない稽古を行なってはなりません。大会で優勝を目指すことも大変素晴らしいことではありますが、型を身につけることも素晴らしいことです。古流の型も二つ（現在は五つ）用意しております。身につくまでしっかり稽古していただきたいと思います。「嘘がない、守る、あきらめない」はとても偉大なことです。

私はこれから始まる新しい道を皆様と共に歩めることを本当に感謝、感動いたしております。この気持を忘れずに人生の全てを「真義館」にかけます。

将来国際的に発展していくことを予想して、「真義」を英語で表現したいと館長は考えた。なかなか適当な言葉はなく、最終的に私が提案した意訳、
Right Mind

Right Thought
Right Practice
となった。

館長が古伝の型を本格的に指導しはじめたのは真義館を設立してからである。各支部の大会と全国大会で館長の演武が行なわれるようになった。氷柱割りやバット折りはなくなり、型を元にした術の披露である。相手の支部長の攻撃をいとも簡単に制して倒してしまい、あまりに鮮やかなので、見ようによっては「やらせ」に見えてしまう。

毎回演武の内容は変化しているが、当初の武術として鋭く鮮烈なものから、回を重ねると徐々に優しさが加わってきたように思う。武術の一瞬の「入り込み（はい）」を重視した初期の頃は、支部長達が本気で攻撃する力がそのまま攻撃する側に跳ね返り、しばらく鞭打ち状態になって回復するのに二、三ヵ月かかると支部長同士で話していた。今は後で述べる「愛」を根源にした術に変わり、そのようなことはない。

館長の年齢は二〇一五年現在で四十九歳、達人にしては若い。この年齢でこのレベルとはすごいと思うが、実は到達しているレベルは我々には計り知れない。はるか彼方の存在でありながら、進歩のスピードが極端に速いので、弟子達からますます離れていく。武術は歳をとっても進歩するので、この先どのような存在になるのか、空恐ろしいような気がする。

弟子だから師匠を高く評価するのは当たり前と思われるかもしれない。それが普通だと思う。少し狂信的になっているとも言われるかもしれない。そう思われてもしかたがないが、自分の目で見て、身体で触れているほぼ絶対の存在を、否定することはできない。

私にこのような本を書く資格があるのか、今も疑問である。ただ、この本を露払いとして、館長が秘伝の本を書いてくださることを個人的には望んでいる。

師範および支部長のことに簡単に触れておく（ここでの優勝はアメリカのコロラド州デンバーで開催された円心会館サバキチャレンジ世界大会での戦績である）。

師範北海道本部長鈴木伸寛六段。一九七〇年生まれ。北海道留萌出身。一九九五年ライト級優勝。高校二年から麻山館長が支部長をしていた芦原会館留萌道場に入門、それ以来二六年間館長と行動を共にする。一九九二年立上げ直後の円心会館大阪支部へ館長に弟子入りするため北海道から大阪へ移住。一九九五年から円心会館北海道支部を札幌に開設、後に北海道本部長となる。「北の狼」と呼ばれる。重厚な人柄で館長の右腕であり、他の支部長から厚い信頼を得ている。

館長と支部長達。前列左から鈴木師範、麻山館長、土居支部長。後列左から、小川、竹内、岩上、山下各支部長。

高知支部長土居哲也五段。一九七二年生まれ。高知県出身。一九九九年ライト級優勝。二〇〇二年ライト級優勝。伝統空手を経て、二十四歳のとき円心会館高松支部に入門し高知から通う。一九九七年から円心会館デンバー本部で三年間ほど内弟子をし、その間世界大会参加の鈴木師範と出会い、のち家族同様の親交を深める。館長とも同じときに知り合い、その後長く薫陶を受ける。二〇〇〇年から円心会館高知支部長に就任。私は勝手に「土佐の荒法師」と呼んでいるが、外見と異なり優しい人である。

東京支部長岩上隆一四段。一九五九年生まれ。東京都出身。十五歳で極真会館に入門。一九九一年から円心会館東京支部長となる　館長が円心会館の関西本部長のときに関東本部長を務め、全国大会に有力選手を送る。二〇〇五年以降は定期的に大阪に通い館長の個人指導を受ける。私に空手の世界に入るきっかけを与えてくれた最初の指導者である。

広島支部長竹内大策四段。一九八一年生まれ。大阪府出身。二〇〇八年ライト級の体重にもかかわらずヘビー級優勝。一九九四年円心会館大阪支部に中学一年で入門。二十四歳で空手家として生きる決心をし、それを聞いた館長は大阪総本部に残したい人材であったがあえて広島支部の立ち上げを命じる。二〇〇五年円心会館広島支部長。父親の竹内雅彦初段は二〇一五年に六十三歳にして真義館全国大会壮年の部で優勝。その闘いぶりに観衆は感激。

鹿児島支部長山下靖史四段。一九六七年生まれ。鹿児島県出身。留萌では館長と同じ職場（自衛隊）におり、芦原会館留萌支部に入門し、鈴木師範とも出会う、その後三〇年間館長の薫陶を受ける。二十五歳で右膝靱帯(じんたい)切断のため空手を中断。東京に移るが、鈴木師範の活躍を空手雑誌で知り空手に再挑戦。円心会館東京支部に入門。一九九九年円心会館鹿児島支部長となる。

千葉支部長小川康成四段。一九七五年生まれ。千葉県出身。二〇〇四年ミドル級優勝。二〇〇五年ミドル級優勝。小学三年頃から伝統空手に入門。高校二年で円心会館へ。円心会館日本総本部指導員となる。高校三年から鈴木師範と、一九九九年世界大会のときから土居支部長との親交を深める。また館長の武術空手のすごさに接し、二〇一一年真義館に移籍し、千葉支部長に就任。空手の強者と思えないほどすらりとした好男子。

第六章

武術空手へ

超人状態！

大阪での館長稽古の三回目だったか、館長にサンチンの両構えを触れて直されているとき、全身に気が通った感じがした。皮膚の表面を鳥肌立つ感覚が脛(すね)から上に向かって這い上がってきた。血の気が変わる感じとも言える。と同時に心の動きが止まったような気がした。静寂の中にただ居る——そんな感じである。

私の変化に館長はすぐ気がついた。というより、館長がその変化をもたらしたのだ。「大坪さん、私がこれから攻撃します」と言って、最初は追い突きをした。私は手だけをひらりと動かした。自分の意志で動かすというより、自然に手が動いた。それも、ただ空中を払った感覚である。心は静かに落ち着いており、一切波のない鏡のような水面が静寂の中にある。意図したり、考えたりすることはできない。

次の瞬間、館長が倒れた。そのあと館長はフルコンタクト空手の自由組手の攻撃を続けた。いずれも私が手をひらりと動かすと、次の瞬間、館長は倒れている。私の状態を確かめるように館長の攻撃は強さを増す。結果は同じで、館長は倒れる。こちらの反応も、ただひらりと手を動かすだけではなくなって、館長の首筋に手を触れて制して崩したりするが、これも無意識の動きである。

一度はカンヌキで館長の腕を締める状態になり、「腕が折れます、折れます」という声で止めたこともあった。力を入れているつもりはない。ただ軽く動かしているだけである。最後に館長は私に近づき、見えない位置からいきなり私の側頭部、ほとんど後頭部に向けてフックを入れた。次の瞬間、私の右手が耳の後ろで館長の拳を握り、握ったまま右手だけで館長を倒した。心は静寂のままである。

館長の攻撃が終わり、何分経ったであろうか、快い静寂の心はしだいに現実に戻り、ざわざわしたふだんの状態に戻っていた。いつもの状態に戻ると、もうすでに館長の攻撃に対して怖じ気づき、事前に決めた攻撃に対する分解組手も、恐怖で後ずさりするだけで対応できない。

あれは何だったのだろうか？　まさに超人であった。ふだんの二、三倍という強さではない。千倍の強さである。これは武人が昔より追い求めていた状態ではないのか。

館長は、ふだんはこちらの上達のため、こちらが反応できるかできないかのぎりぎりで、強さを加減して突いてくるが、あのときはまちがいなく全力で攻撃していた。私がひらりと動かした手は、館長から見ると、型に則(のっと)った正しい動きをしていたとのことである。

こんなことが起こるのか？

強烈な印象を残した一日であった。まちがいなく、館長がこの状態に導いてくれた。自分だけではあの驚異の世界を味わうことはできないのか。

実はその一週間後、同じような経験をする。東京支部での稽古で支部長の指導を受けているとき、突然同じ状態になった。すでに大阪での私の体験を館長から聞いていたが、実際に目の前で見るまでは信じられないと思っていた支部長はさっそく攻撃を始めた。突きだけでなく、回し蹴りや前蹴りで攻撃してくる。いずれも私の手がひらりと動くと、支部長は受け身もとれず、床にうつ伏せになった。支部長の息づかいが荒くなり、攻撃は中断した。当方は文字通り明鏡止水の心境でひたすら心地よい。手をひらりと動かすだけなので、呼吸もまったく穏やかである、

「蹴らせてもらえますか?」と支部長が言った。「ああ、いいですよ」と、支部長が蹴りやすいように前脚が出る組手の構えのまま、相手の攻撃には反応せずに受けることにした。四段の支部長は下段回し蹴りを得意とし、受けた相手がその衝撃で昏倒することもあるという。その支部長が思いきり蹴った瞬間、「あ痛たたた!」と脛を両手で押さえて転げた。私は何の衝撃も受けなかった。支部長の脚が触れたと感じただけである。

嘘としか思えない話が本当であることを確認した支部長は、私のこの状態を「超人ハルク状態」と呼んだ。超人ハルクはアメリカのコミックの主人公で、通常は普通の男だが、激怒するととてつもない力を発揮する緑色の巨大男に変身する。

その翌日であったと思うが、道場生しかいない稽古でまた同じような状態となり、こちらは心静かにニコニコ笑いながら相手に近づくのだが、相手は構えたまま後ずさりし、壁まで下がって、そのまま座りこんでしまった。

「大坪さん、怖いです！」

私としては攻撃する気もなく、相手の攻撃に対応するつもりでいただけなので、この反応にはびっくりした。仮にも空手をやっている者が幼児のように頭を抱え、「怖いです！」と言って壁際に座りこむとは想像もできなかった。

この状態に自分の意志でなれるのであれば、まさに達人である。その後四年以上経つが、残念ながら二度と体験していない。この状態が戻ってくることを夢見ているが無理である。

館長の個人指導が始まって間もないときで、館長に究極の目標を垣間見せてもらったせいかもしれない。人間の不思議さが心に残った。あのときの状態は沢庵和尚の『不動智神妙録』の記述そのもの（後述）であり、心は禅定（ぜんじょう）の状態であったと思う。今は目標に近づくため型をひたすら稽古するしかない。

館長は、「もともと持っているものを引き出して見せたので、危機状態になれば自然にそれが出てきます」と言う。

気を通す

二〇一〇年一〇月、岩上支部長と共に大阪に行き、当時は円心会館大阪支部長であった館長の最初の個人指導を受けた。茶帯二級のときである。それ以降も個人指導を続けていただくことになり、毎月一回大阪の本部道場に通うことになった。

末席の弟子である私をあまりに真剣に教えてくれることに感動した。なんとかつかんでほしいという館長の気迫に満ちた長い時間である。全身全霊で指導されるので、ここまでやってくださることに申し訳ない気持ちになってしまう。と同時に、こちらも命がけで指導を受けることになる。その結果、冒頭で述べたような状態が生じたのだと思う。

ある日、全身の各部に「気を通す」指導を受けた。特に意識が弱い下半身に対して気を通すよう指導を受ける。

初心者は身体の状態として、次の二つの状態しかとれない。

一、筋力を入れるか、

二、力を抜いた、ふぬけ状態か。

実は第三の状態があり、筋力は入れていないが、外から力を加えても揺らぎのない、強い身体の状態がある。これを「気が通った」状態と呼ぶことにする。とはいえそれにはいろいろなレベルがあり、冒頭の話のように深いレベルでは、瞬時に相手を倒せるような無敵の状態になる。

初歩的な気を通す稽古がある。

一、下段払いの片腕、あるいは上段受けをした片手の手首を、相手が前から両手でつかみ、動かないように固定する。その束縛に負けずに前に進み、押さえている相手を後ろに押し込めるかどうかを調べる。

二、下段払いの腕を相手に両手で拘束してもらい、腕を上に回転させて上段腕受けの形にする。強く拘束されると腕を上に上げることは難しいが、レベルが上がると、相手はこちらの片腕を両手で握ったまま後ろや横に背中から倒れる（111ページのイラスト　サンチン両構え・突き・両構え動作⑤⑥参照）。

三、正座して両手を膝につけ、前に座った相手が両手首をつかみ、正座の形を崩そうとする。それで微動もしなければ、気が通っていると言える。

四、脚に気を通す稽古として、あおむけに寝た状態で、正座した相手にこちらの片脚を脇にしっかり抱えて拘束してもらう。このまま抱えられた脚で相手の身体全体を右に左に転がす。

分解組手

このような指導がしばらく続くと、気が通るというのはどのような感覚なのか、おぼろげにわかってくる。次いで指導は分解組手に移る。右突きなり右前蹴りなり、決まった攻撃を相手にかけてもらい、それを受けて相手を崩す稽古である。

最初にとりかかるのは、相手の突きに対してサンチンの腕受けで受けて倒すことである。攻撃パターンは決まっていても相手が本気で攻撃してくる場合は、腕をつかまれた相手を倒すのとはちがった難しさがある。どうしても突いてくる拳が怖いので、拳の動きを意識する。そのため突きを逃げる動きが入ってしまう。このとき術は成功しない。つまり、腕受けで受けた後に相手を倒すことができない。これでは相手の身体は崩れるどころか、揺らぎもしない。

腕受けの分解組手（腕受けと略す）ができない期間が長く続いた。入門当時から東京支部ではすでに腕受けの稽古は採り入れていた。東京支部長自身はかなり前から館長の個人指導を受けていたので、自分の道場生相手には腕受けに成功していた。しかし道場生は手探り状態でさっぱりできない。手帳によると、私が初めて腕受けに成功したのは二〇〇九年一月九日とある。東京支部長の攻撃に対して何回かトライして、その中の一回がうまくいったのだだと思う。この段階では、いろいろな条件がまぐれでクリアされると、相手を倒せることもある。たまたまできることはあっても、できたことにはならない。それでもよほど嬉しかったので手帳に書き記したのであろう。

その頃東京支部長は、「何かがあるから、倒れるのです」と言っていた。我々には「何か」がわからない。館長の個人指導では、ひたすら館長に倒されながら、同時に型の指導を受ける。個人指導を受けはじめてから二ヵ月後、二〇一〇年一一月に初めて館長相手にたまたま腕受けに成功した。館長から「術がかかるとこうなるのですね。自分は今まで倒されたことがなかったので。みんな私に倒されてこの体験をしているのか。すごいですね」と言ってもらったが、私のレベルに合わせたゆるい突きを出してもらっていたのである。

本部道場には身長一八〇センチ、体重一二〇キロ以上の木戸尚登現初段がいる。ある時期から木戸さんといっしょに稽古をすることが多くなった。巨体とスキンヘッドで外面は強面（こわもて）であるが、根は優しい人である。柔道黒帯、相撲経験者。真義館では当時色帯であったが、それ以前に極真系の空手経験者でもあり、友人もプロレスラーなど格闘家が多い。

本気で攻撃することが礼儀であると信じ、相手に対して一切手抜きをしないのが信条である。当然ながら力が強く、初期の頃は、当人としては力を抜いて、武術空手で相手を倒しているると思っていても、自然に力が入り、力で倒すことになる。また、倒すときに足をかける。

力が強いので、筋力だけでも普通の人を倒せるのである。木戸さんに力で倒されると強烈な衝撃を受け、痛みと不快感があった。館長に倒されると、一切の抵抗ができずに、楽しく倒されるのと大ちがいである。

この木戸さんとの分解組手は、巨体と触れたときの質量感に意識が働いて、私は力もないのに無意識に身体に力が入り、結果として力で倒そうとしてしまう。二〇一一年には私は型専科クラスを指導しはじめ道場生を倒せるようになっていたのに、本部では木戸さんになかなか術がかからない。本当に情けない思いを続けた。もちろん館長は文字通り赤子を扱うように木戸さんをコロコロ転がしているのに。

かからないのは、巨体を前にして「また、かからないのでは……」と不安が走るから、そして型が正確にできていないからである。不動の心で臨まなければ術はかからない。正確な型と不動の心は表裏一体で、型ができていれば不動の心となる。最初の頃の館長からのメールに、「眼、呼吸、ただ正しい型になる」「自分の力でなく、型や稽古を信じる」という言葉があった。

木戸さんは縁あって館長と出会い、個人指導を受けるようになった。攻撃しても攻撃してもひたすら倒され、手も足も出ず、それまで経験したことのない状況に陥る。これは格闘家として自信のあった者にとって我慢がならず、毎回毎回なんとかして館長を倒す覚悟と工夫をして道場に現われていた。ところが数秒も経たずにその覚悟と工夫が木っ端みじんに粉砕される。それでも毎週一回館長の指導を受けることで、筋力が大敵であることがわかりかけてきた。本部道場生は常に館長と接することができ、自然に上達していくのが羨ましく、私も大阪に移り住みたいとも思った。

総本部指導員、本部直轄東京道場責任者になる

二〇一〇年一〇月から毎月一回、大阪本部で館長の指導を受けることができるようになり、このときから武術空手の不思議な世界への門をくぐることになった。それ以前も東京支部で古伝の型サンチンや分解組手の指導を受けてはいたが、フルコンタクト空手の流れの延長としての付随的な稽古であった。まったく別物の二つが混在する稽古なので、特殊な心身状態が必要な武術空手の習得は難しく、その入口にも入れずにうろうろしている状態であった。それが館長のつくりだす気の環境の中で武術空手の実態に全身で触れることができるようになり、進むべき道が見えてきた。

館長の指導の成果はまだ現われていなかったが、武術空手の最低レベルはクリアし、初心者の指導はできるとして、二〇一三年八月一日より私は真義館総本部（大阪）の指導員に任命された。本部五人目の指導員である。

総本部の指導員は本部に属し、本部道場でのクラス、あるいは本部に属する他の道場での責任者である。いずれも錚々たる経歴を有する参、四段で、円心会館時代の世界大会優勝者も含まれている。すでに説明したように、女性指導者の岩井寿子四段は世界大会女性無差別級で五回優勝している。伊丹道場をあずかる長石学四段もライト級とミドル級二階級の世界チャンピオンである。

そこに、私、大坪初段（当時）、七十歳が加わるのはまったく異例である。真義館に大いなる波紋を投げかけたことは想像に難くない。黒帯は本部だけでも百人弱はいる。指導員適任者は数多くいる。「よりにもよってなぜ大坪が？」であろう。

館長は真義館の進むべき方向を示したのだと思う。フルコンタクト空手は今まで通り続けるとして、あえてフルコンタクト空手での弱者を選び、もう一つの道である活人空手（＝武術空手）の方向を進めることを明示したのであろう。

同じ八月一日、本部直轄東京道場が開設され、私が責任者に任じられた。すでに東京支部が存在しているにもかかわらず、さらに東京に直轄道場を開くのも異例である。主旨は、私を指導員に選んだのと同じ理由で、武術空手に特化した東京道場の開設である。

広尾にあるバレエスタジオを時間借りして、火曜日の一九時からと金曜日の一三時から、各二時間のクラスを持つことになった。東京支部の型専科クラスの道場生十六名からの出発である。華麗な夢の世界を女生徒に提供しなければならないバレエスタジオとしては、暴力的で殺風景な空手のクラスが入ってくることに当初はかなり抵抗があったらしい。いろいろと条件をつけられた。だがそれまで抱いていた空手のイメージと異なり、明るく和やかな稽古風景、道場生の紳士と淑女（？）の穏やかな雰囲気に接して、当初の心配は薄らいだと思う。

二〇一四年八月になり、二周年を迎えた時点で道場生も三十名を超えた。その後も着実に増え続けている。ときには稽古する道場生が多すぎて、バレエスタジオが狭くなることもある。最近は若い人が入ってくるようになり、平均年齢も少し下がってきた。女性も増えている。他流派フルコンタクト空手の参段もいる。武術空手が提供する内面を使う精神的な充実感、健康になっていく肉体的な満足感は、年齢や性別にかかわりなく惹きつけるところがあるのだと思う。

前身は型専科クラス

本部直轄東京道場の前身は東京支部の型専科クラスである。フルコンタクト空手の修業も三年が過ぎた私は、館長の個人指導を受けはじめた入門三年目の二〇一一年八月にスポーツ空手として組手の審査を受け、真義館初段になっていた。

コンクリート箱の東京支部道場は上に住んでいる家主から月極で借りている。ところが稽古のために使っている時間といえば日曜日以外は夜ばかりで各々約一時間半、それを全部合わせても実質使用時間は週に十一時間ほどしかない。あまりにも不経済である。東京支部は会員数がそれほど多くなく、厳しい経営状態にあるので少しは助けになるかと思い、昼間の空いた時間に新しいクラスを設けることを支部長に提案した。新しい会員が増えれば月謝も増えるというわけである。二〇一二年一月から、私が時間の都合をつけやすい金曜日の午前中に型専科クラスを設けることにした。

先に話したように私はもともと運動神経が良いとは言えない上に、年齢のせいで敏捷性のかけらもなくなっているので、スポーツ空手を教えるわけにはいかない。闘わせればなんとかなるが、足も満足に上がらないから、きちんとした蹴り技を指導できない。

館長の個人指導のおかげで古伝の型の心身に対する効果はわかりかけていたので、型を中心にして教えることにした。対象として昼時間のとりやすい主婦を考えたが、結局、主婦は来なかった。今考えると、術も充分できないし、型もよく理解していない分際でクラスを持つなどという大胆なことをよくやったものだと思うが、「こんなに良いものを、みんなに知ってもらいたい」という想いに突き動かされていた。このときのクラス生のほとんど全員が本部直轄東京道場に移ることになった。

武術空手の快感

武術空手の歓びについて触れてみたい。後に述べる内容を先取りしているが、ここでまとめておく。

スポーツ空手と武術空手とはまったく別物、正反対と言ってもよい。

ひと言でいえば、「激」と「静」の違いと言えるであろう。対比で示すと、筋力と脱力、緊張とリラックス、衝突と調和、興奮と静寂、闘争心と静かな心、頭脳の働きと心の動き、技の応酬と一瞬の崩し。前者が倒すときが勝負なのに対し、後者は向き合ったときが勝負。倒される側から言うと、不快と歓び——と書き並べて見ても、たしかに正反対の別物であることがわかる。

究極の対比は、相手にダメージを与えることと、愛を与えること、となる。

スポーツ空手と武術空手はまったく異なるものなので、得られる歓びも当然異なる。

スポーツ空手では、食うか食われるかの状態の中で闘争本能が全身にみなぎる。危機状態の中でアドレナリンが噴き出し、極度の興奮状態の中で全力を発揮する。本能に根差した興奮そのものが歓びであり、持てる力をフルに出し切ることで、日常では経験できない達成感を得る。

武術空手から得られる歓びは何であろうか。

筋力を使わず相手を自在に倒すことができたら愉快であろう——と想像することができるであろう。そう、肉体的強者を倒すのは大変楽しい。しかし、それだけの楽しさではない。普通に思うのは、所詮空手は武術空手と言っても、突き、蹴り、投げを上手にやることではないか。その技術が向上し、筋力を使わずに一瞬にして倒せるようになったとしても、それが人間の生きる上でどうだというのか？——という疑問か出てくるかもしれない。

しかし、経験して感じられるのは、突き、蹴り、投げの技術の向上による満足感だけではないことである。もっと深いところからくる全人的な充足感である。武術空手には心の底から嬉しくなる何かがある。今までの考え方を根底から変える何かがある。

それを感じられるまで熱心にやれる人、あるいは最初から直感的に何かあると気付いている人は一所懸命稽古に打ち込む。人を崩すのが人生でそれほど重要ではないと頭で考える人は、最初に遭遇するちょっとした障害に挫折して辞めてしまう。例えば、サンチンの型をなかなか覚えられないとか、分解組手がなかなかできないとかである。

武術空手においての基本は中心に気を集中することである。このことに覚悟を持って臨む。本気で臨むのである。最後までこの集中を途切らしてはいけない。途切らしたその瞬間、術は中断する。相手の動きなどの情報は五感を通して入ってくるが、それをただ単に情景として流れ込んでいると感じるだけでいい。内容に捉われることはなく、ひたすら一点に気を集中させる。むしろ外界からの情報をすべてシャットアウトして中心へ集中することだけを保持するのである。

日常、我々は溢れる外界の情報に晒(さら)されて生きていて、神経をすり減らし、心が乱されている。つまり外界に支配されている。短い時間ではあるが、武術空手のこの集中の瞬間は、外界の雑音から切り離されて主体を取り戻し、自分がすべてをコントロールし、心が安定するという歓びがある。

稽古してしばらく経つと、いつの間にか日常生活の雑音にあまり動揺しない自分を見出す。「あれ、この状況で、昔だったらかなり焦っていただろうなぁ」と思うことがしばしばある。まちがいなく雑音で苦労することが減ってくる。自分を主体的に動かしているからであろう。問題が生じても、何とかなるはずという理由なき確信が強くなってきて、その通りになる確率が高まってきているようにも思える。また、優先順位がいつの間にか変わってくる。人の評価や思惑があまり気にならなくなる。物に対する執着がかなり減ってきているように思う（ただし、これは歳のせいかもしれない）。

日常では、武術空手のように覚悟を決めて本気になることはそれほど頻繁にはない。本気のつもりでいても適当に流していることが多い。その中途半端さが何をやってもやり切った満足感を与えない。武術空手では本気でなければ術がかからないので、真剣にならざるを得ない。本気であることの歓びである。身体も部分を使うのではなく、統一体として全身を統合して使う。スポーツ空手のように血が体中を駆け巡らないが、身体全体をコントロールする歓びがある。

さらに、相手に向かって温かい気持ちや愛を心の底から伝える要素が加味されれば、歓びのレベルが深まる。愛の共鳴によって生じる、自他が共に感じる幸せは日常ではなかなか得られない。人間としての本源的な歓びを覚える。愛も表層の愛ではなく、これも本気レベルでなければ術は決まらないので、心の深いところから発することになる。

本気の行きつく先は、心を通り越して魂の深さにまでたどり着くような気がする。互いに魂からのやりとりをしているからだと思う。魂レベルにはふだんはなかなか行きつけない。武術空手はその深さに触れる機会を提供しているように思える。歓びが魂レベルのものを与える。魂が歓ぶ。だから、術がかかる。

懇親会などで館長と話していて涙する女性の道場生がときにはいる。何か心が揺さぶられるのである。後でどんな話で感動したのか聞いても覚えていないことがある。ひどいときは周りのみんなが目撃しているのに、本人は泣いていた事実も覚えていない。頭脳でなく魂で聞いていたからではないか。

こう書いていて思い出したことがある。

何年も前にスペインのアンダルシア地方を旅行した。現地で外国人相手のツアーを見つけてもぐりこんだ数日間の旅であった。ある晩、観光の定番であるフラメンコを見に行った。最初のうちは若く美しい女性達が次々と舞台に立ち、華麗で情熱的なフラメンコを披露していく。大いに満足していた。終わりに近づいて、というよりはそれが最後であったが、中年の太った、美しいとはお世辞にも言えない女性が一人舞台に立った。内心、「なんだ、これは？」と正直思った。

ところが踊りが始まると、その印象は吹き飛んだ。動きはゆっくりとしていて華やかさはないが、心が揺さぶられるのである。いつの間にか、涙が出はじめて止まらなくなっていた。感情の高ぶりなどはないのに、涙だけがとめどなく流れ出てくるのである。自分でも事の成り行きに本当に驚いた。見ているものに感動しているのではない。魂が揺さぶられたのである。後のガイドの説明で、彼女は人間国宝レベルの踊り手であることがわかった。芸術(アート)の力が心底わかった。魂が歓ぶのである。

第七章

本部直轄東京道場

道場生たち

二〇一五年末現在、本部直轄東京道場には四十人弱の道場生がいる。平均年齢は六十歳近い。スポーツ空手を始める歳ではないが、武術空手なら遅すぎることはない。後に入門した人達には、大手商社の元副社長、大手ビール会社の元副社長、がん保険大手の創業者、プロの囲碁棋士・宇宙流の武宮正樹九段等々がいる。

ここでは最初から参加して熱心に稽古を続けているメンバーを紹介しよう。級は二〇一五年現在である。

若い人も最近増えつつあるが、最初からのメンバーでは三十九歳のバーテンダー氏が比較的若い。道場生の中で術のレベル、熱心さで先頭を走っている。将来は空手家を目指しているので、他のメンバーと比べて空手への取り組み方が一段と真剣である。毎日のウォーキングと型の稽古を自分に課している。また非常に観察眼の鋭い男で、誰がどのように身体を使っているかを見抜く力がある。したがって相手の術がかかりにくいとき、どこの動きが悪いか、姿勢のどこが崩れているかを正確に指摘できる。最近は内面への理解も進み、腕を上げている。皆の信頼も厚い。二〇一五年一二月の昇段審査で黒帯となる。

明るく和やかな稽古風景、型稽古（ナイファンチン）。

基本稽古、ナイファンチン、両構え（両腕受け）での無力化。

亀の姿勢を転がす、合気起し。

肩に触れて無力化する、上段手刀打ちを頭に受け無力化する。

肩に触れて無力化する、上段手刀打ちを無力化する、片手で袖をつかんで無力化する。

「腕受け」分解組手。

「腕受け」分解組手、「外受け」分解組手。

「手刀受け」分解組手。袖と襟を指でつまんで膝立ちを無力化する。

「手刀受けから肘当て」分解組手。杖で崩す、腰タックルを無力化する。

彼は私がときどき行く白金のバーで働いていた。仕事のイメージに似合わず大変真面目な男で、バーテンダーの仕事にはもう少しくだけた部分があってもよいのではと思っていた。どこへ移動するのもスポーツ自転車を使っていた。腕相撲の自信家で、負けたことがないのを自慢にしていた。

ある日、店のお客のホッケー経験者など三人ほどの腕相撲自慢に勝ったと満足気に語った。なんの気なしに「私とやりますか?」と声をかけてしまった。こちらは当時六十七歳、勝つ自信があったわけではなく、ふと口をついてしまった感じである。結果は、私が勝った。今なら本当に筋力を使わずに勝てるだろうが、そのときは術も未熟であったので、余裕があったわけではない。それでも腕相撲によく見られるような押しつ押されつのやりとりはなく、一方的に私が押し勝った。

顔色を変えた彼は「もう一度」と言ったが、取り合わなかった。腕相撲に負けたのが彼の入門理由だと私は思っているが、彼は「空手を始める前から大坪さんを見ていて、だんだん変わっていく様子から空手に興味を持った」と言っている。どう変わったかは聞いていない。その前がかなりひどいということになりそうだから。

二〇一五年の千葉大会は、参加者の少ない小さな大会であったが、彼は組手の部と型の部すべてで優勝し、最優秀賞も獲得した。武術空手を学ぶ直轄道場の道場生が型で良い成績を上げるのは、ある意味当然かもしれない。しかし組手の稽古をしないこと、昇級審査にも組手を課題に入れていないことを考えると、組手での優勝は驚くべきことである。フルコンタクト空手を教える道場は、組手に勝つことを目標として稽古を積んでいる。そこの選手にとって直轄道場の選手に負けるのは大問題になる。

ちなみに、この千葉大会の型および組手の部の準優勝も直轄道場生、私の息子である。二〇一五年の千葉大会のあとで開催された東京大会では型クラス上級の部で優勝している。二十一歳から単身イギリスに留学して、ロンドン大学の建築科を出た息子は理屈っぽい。小さいときから納得しないと絶対に動かない性格で、イギリスでの生活でそれに磨きがかかってしまった。そもそもイギリスに行った理由が、理屈っぽさが日本の小学校には受け入れられなかったせいである。小学二年生から全校朝礼は意味がないと朝礼には参加せず、授業が始まる頃に登校する始末である。また、先生の指示が納得できないと従わない。当然教師の覚えはめでたくなく、非常に悪い成績であった。親としては、出産時に臍の緒（へそのお）が首に巻きついていて、半分チアノーゼ状態で生まれたので、かなり脳細胞が死んだせいかと本気で思っていた。

ご子息をイギリスに留学させている友人に息子の話をすると、「イギリスなら個性を伸ばしてくれる教育を受けられるよ」と言った。息子にはそれを翻案して「イギリスでは自分の好きなことができるよ」と言ったら、「ぼく、行く」と即答した。小学五年生のときである。なんとか潜りこませたパブリックスクール（伝統ある私立五年制中高一貫校）に入学してすぐに行なわれた、五学年全員が参加する数学コンテストで一位をとった。日本では美術以外はすべて五段階評価で一か二であったので、脳細胞は死んでいなかったとほっとした。ちなみにその後受けたＩＱテストは一八〇点であった。

なにしろ理屈っぽいので、日本とイギリスとアメリカで私には理解できない仕事をしている息子とは、まともに会話が成立しなかった。こちらが何か言うと、私にすれば屁理屈が返ってくる。父親と息子にはある種のライバル意識があるので、一般に反発し合う関係にあるらしい。我々の場合は双方の性格がその傾向に拍車をかけることになる。会話の目的に達するはるか以前に、お互いが怒って終わってしまうのがほとんどであった。

武術空手の良さを息子にも理解してもらいたいと思う気持ちが強かったので、半ば脅すように見学を強要した。卑劣にもイギリス留学実現のために払った親の犠牲みたいなことも口にしたかもしれない。「一度だけだよ。見学だけだよ」と何度も念を押しながら、いやいや道場の見学に来た。たとえ空手に興味があっても、父親に習うなんてもっての外であろう。私もそれはよくわかる。二時間の稽古が済んだとき、息子は私の前に正座して、「入門させてください」と一礼した。

それからの親子関係はまったく変化した。反発から、お互いのすべてを理解しようという一八〇度の変化であった。根底にお互いを思いやる気が流れるようになった。私にとって息子が空手を始めたことは嬉しかったが、親子関係の変化は限りなく大きな歓びであった。自分も救われた気がした。息子はある程度熱心に稽古を続けており、黒帯を取るのも遠い話ではない。現在一級である。


道場生の最年長は二〇一五年現在で八十三歳である。旭川出身で、航空会社の元役員である。家でじっとしていられると困るという奥様の勧めもあって、直轄東京道場の前身である型専科クラスに参加するようになった。自宅は東京にあるが、信州蓼科（たてしな）に山荘を持っている。五月から十月まで畑仕事でほとんど蓼科に滞在している。最初の年はその期間の稽古を休んだ。しかし二年目からは片道四時間かけて自動車を運転し、蓼科から稽古に通うようになった。稽古が面白くなったのである。クラスのほとんどすべてに出席している。

寡黙（かもく）ではあるが、言葉の端々に覚悟を決めた生き方をしていることがわかる。一九七七年に起こった日本赤軍によるダッカ・航空機ハイジャック事件の際、乗客の身代わりに人質になると決めた社長に随行して現地入りした。しかし到着と同時に軍事クーデターが勃発、空港の内外で銃撃戦が展開され、死と隣り合わせの経験もしている。

とてもその年齢には見えない頑健な身体をしていて、身長も一七二センチある。旭川では子供の頃から冬を迎える準備のために薪割りをしていたとのことで、身体の芯ができている。さらに精神力がただものでない。心が安定しているせいか、術の成功率はかなり高く、一定している。多くの人は、昨日できたのに今日はなぜかできないということが起こる。心の状態が変化したり、自然体がきちんとできなくなっているせいである。身体も重く倒しにくく、道場生にとって、この人を倒すことで術がある程度できるようになったことを知る試金石のような存在である。現在一級。

空手を始めて半年後、私が何か面白いことをやっているらしいと興味を持ち、内容を紹介してくれと言ってきた男性がいた。お茶製造・販売業の有名会社のオーナー社長である。二〇一五年現在で八十二歳。端正でまことに高貴な雰囲気をそなえた小柄な紳士である。蝶ネクタイがよく似合う。クラシック音楽に造詣が深く、多忙な中も海外の演奏会等にしばしば出かける。実は若い頃、今の天皇陛下の侍従を務め、現在も両陛下のご信認が厚い。

お茶の会社は商品の品質を見きわめることが会社の評判を決め、経営を左右する大事な仕事であるが、彼はこの品質評価をほとんど一手にひきうけている。それは神業としか思えない。数個の小さなボウルを並べ、異なる茶葉を入れ、湯を注ぎ、茶殻を小さな金属の網ですくって取り除き、飲んで判定する。これを非常に速いスピードで手際よく行なう。驚くことに、飲んで品質の良し悪しを理解するのではない。茶殻を網ですくった瞬間に、腕からお茶の品質が伝わってくると言うのだ。五五年間これで社運を背負ってきた覚悟をもってお茶の格を決めてきた結果、感覚が研ぎすまされてきたのだと思う。

空手道場の内容を教えてくれと言われ、高齢であるし、お人柄からもフルコンタクト空手は絶対にやるとは言わないだろう、内容を文化として理解したいのだと私は判断した。そこで、自分が当時やっているフルコンタクト空手よりも文化度の高そうな武術空手を紹介したほうがよいのではと、手もとにあった宇城憲治師のＤＶＤを渡した。

彼の返事は「私もやりたい」であった。「円心会館大阪支部でやっています」と伝えると、大阪へ行きたいと言う。当時の私は東京支部の下っ端であり、麻山支部長（当時）に直接話ができるような立場ではなかった。ひとまず東京支部に入門してもらうことになった。支部長とも相談し、型を主にした稽古をすることにした。

そこからサンチンの稽古が始まった。涙の物語の始まりである。

若者はすぐに覚えるサンチンの比較的簡単な順番も、高齢者には覚えるのが大変である。「みんな同じ経験をしているのですよ」と慰めても、本当になかなかできない。覚えられないことで自尊心が傷つき、やめてしまう人もいる。社会的地位の高かった人にこの傾向が強い。

運動を一切しなかった、明らかに運動音痴の彼には、より大変な苦労が待っていた。私にとっても大変な苦労であった。サンチンの順番を覚えてもらうため、通常の稽古の始まる一時間前に道場に入り、彼に特訓をすることになった。半年以上続いた。自宅での稽古も含め、同じ世代の人と比べて二十倍以上の時間をかけたと思う。

なにしろ、少しできるようになって一部を修正しようとすると、全部が壊れてできなくなるのである。砂上の楼閣とはこういうことかと、つくづく思った。でも私のやっていることに興味を持ってくれたので、私も投げだすわけにはいかなかった。

努力を続けられることは彼の尋常でないところであるが、それ以外に生まれつきなのか、三十代からオーナー社長として責任を果たしてきた経験からか、覚悟の決め方の速さやゆるぎなさが普通でない。前述の羽田空港で館長の指示に従い私の片手をつかむ岩上支部長が床に四つん這いになったとき、末席にいたのが彼である。館長は片隅の彼を見やったとき、彼に日本刀のイメージが重なったという。「彼のことを思うと、日本刀を感じます」という館長の言葉に、私は違和感を覚えた。ニコニコしていて品の良い雰囲気の彼から、日本刀の鋭さを感じることができなかったからである。私はまちがっていた。理解しているつもりでも表面的な見方しかできなかったのである。

彼は私の道場生としては初めての黒帯である。型などの通常の審査の後に、最後に館長は彼に特別な課題を与えた。体重一二〇キロの木戸さんをわざわざ道場に呼んで、木戸さんに思い切り彼にアタックするよう命じたのである。彼の五〇キロの身体では、木戸さんの本気の突進に少しでも恐怖心が湧けば空中に舞うはずであった。八十二歳の身体は落下の衝撃に耐えられず、骨折などの怪我も予想された。結果は、巨体のアタックを見事に受け止めて合格となった。突進してくる木戸さんの中心に先に踏み込むことによって「入る」ことができ、見事に止めることができた。これぞ日本刀の覚悟である。できることを見抜いて館長が与えた昇段審査の危険な課題であった。

彼に関してはもう一つのエピソードがある。道場生の何人かが、ぜひこのエピソードを入れるべきだと主張した。

ある日道場に彼と二人で行くと、床一面に折れた割り箸が散らかっていた。前のクラスで使われたものだという。普通でない量である。割らない割り箸（つまり二本箸）を一人が両端を両手の親指と人差し指で持って支え、もう一人が割って一本にした箸（一本箸）を親指・人差し指・中指の三本指で持って二本箸の中央に叩きつけるのである。

直感でわかるように、叩くほうの一本箸は持っている指の先で折れてしまう。力学的に解

打つ割り箸、受ける割り箸

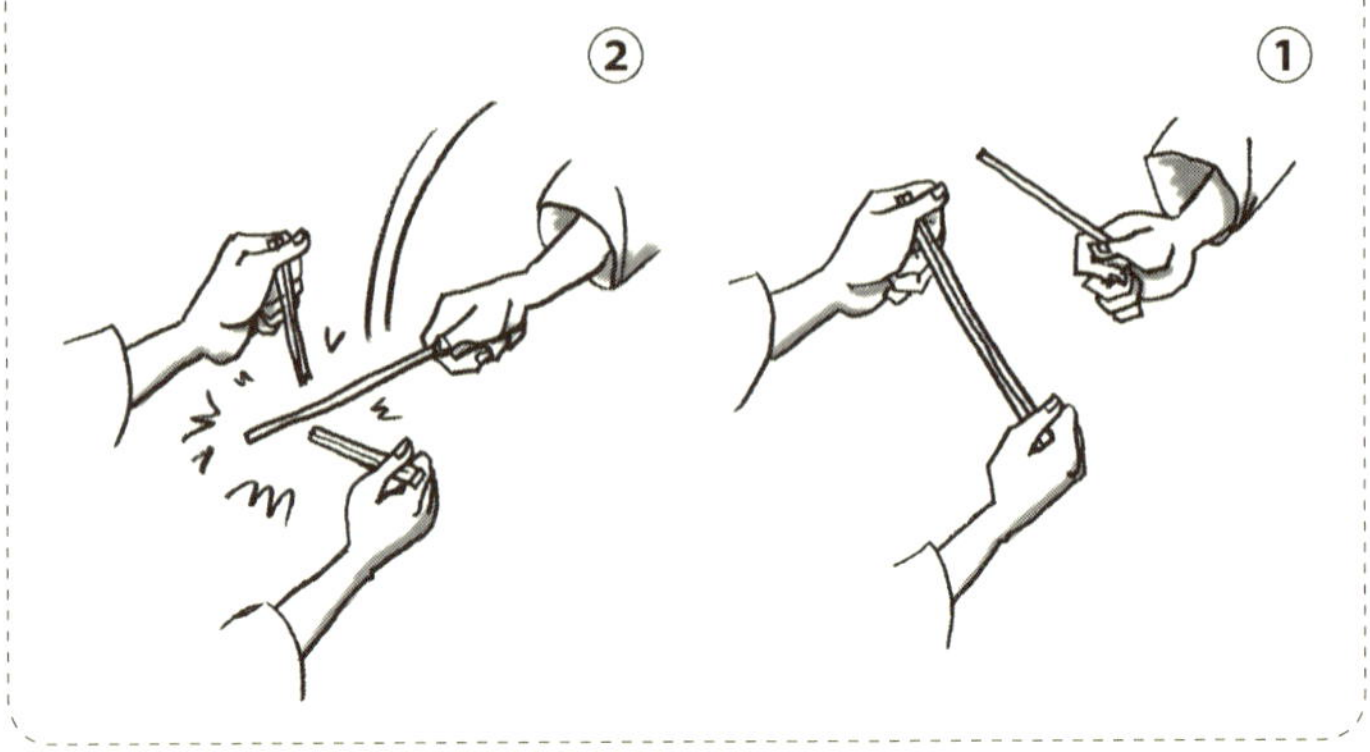

析すると、一本箸を持つ指の先端で発生する力（曲げ応力）は二本箸の中央に発生する力と比べ、四倍から八倍（二本箸の支え方による）である。つまり一本箸の手元の方が四倍から八倍厳しい力を受ける。これは一本箸の真ん中が二本箸の中央に当たるとしたときの数値である。持っている指先の近くで当たるとこの数値は半分ほどになるが、それでも叩くほうの一本箸が二本箸より力学的にはるかに厳しい。床に散乱しているのは、すべて根元から折れた一本箸である。

二本箸の真ん中を折るところをテレビのショーかなにかで支部長は見たらしく、自分で試そうというわけで大量の割り箸を買ってきたのである。だが何十回やっても成功しなかった。そこに私とお茶会社のオーナーがやってきたのである。さっそく支部長は我々二人に試してみろと言った。

最初に私が何度かトライしたが、いずれも叩くほうの一本箸が根元から折れてしまう。次にオーナー社長が試す番になった。彼の雰囲気が急に真剣なものに変わった。次の瞬間、二本箸が真っ二つに折れていた。彼が手に持った一本箸は何もなかったようにまっすぐのままである。みんな呆気にとられた。たしかに彼の雰囲気が非常に鋭いものになっていたので、二本箸が折れそうな予感がなかったわけではない。しかし冷静に考えれば起こりえないことが起こったのだ。もう一度試すように支部長は促した。結果は同じく、一本箸は健在で、打たれた二本箸が真ん中から折れてしまった。

正直言って、この現象を解明できない。後で述べる「右脳の活性化」では説明できないと思う。右脳の活性化が持っている箸の強度を上げたのだろうか？　それこそ眉唾の説明になってしまう。ここでは、起きたことを見た数名の証人がいるので、事実であるとしか言えない。ただ、当人は「打ち込む前に、二本箸が折れるのが見えた」と言う。まさに日本刀を芯に持つ存在である。

七十二歳の大手不動産会社の元社長は奥さんといっしょに稽古している。バブル崩壊の兆しが見えはじめたとき、時のトップに早急な対応を強く進言し、その後二〇〇〇億の保有不動産を短期間で処分した辣腕経営者であるが、温和な性格でそのようには見えない。この人に何か頼むと、こちらの期待の二倍、三倍のことをやってくれる。これは私にだけでなく、どの人に対しても同じである。だから逆にこの人に頼まれる番になると、精いっぱい頑張ることになる。

彼は小さい頃から病弱であった。運動音痴とは言えないが、人の動きを見てそれを再現するのが非常に不得手である。だからサンチンの簡単な動きもなかなか頭に入らず、かなり苦労していた。自宅に帰って復習してみるが、どういう動きだったか再現できない。四苦八苦しているご主人を見かねて奥様が助ける気になった。クラスを見学し、習っていることを調べ、自宅でご主人の稽古を助けることにした。そんなことで一年遅れて奥様も稽古に参加することになった。

奥様が参加する以前、ご主人が自宅で「型が決まると、外から力を加えても動かなくなるのだよ」と、サンチンの両構えをして見せた。奥さんが上から押すと、初心者なので両腕は下がってしまう。そのとき型も知らない奥さんが、「私はどうかしら？」と適当に曲げた片腕を差しだした。驚いたことに、ご主人が体重をかけて押し下げても、その腕は微動だにしない。まったく型から外れた形で差しだされた腕でも、動かすことができないのである。

実は奥様は幕末の三大剣士、千葉周作、桃井春蔵（ももいしゅんぞう）と並び称された斉藤弥九郎の五代目の子孫であった。そんなとき隣に住む既婚の娘さんと小学四年生の女のお孫さんが訪ねてきて、面白半分で試しにやってみると、二人ともできる。武術の達人から受け継がれたＤＮＡの賜物であろう。できないのは血のつながりのないご主人のみである。
ということで、奥様のほうが型の学習能力も高く、一時は昇級がご主人を追い抜いていた。しかし覚悟を決めた生き方をされてきたご主人の進歩も著しく、今は同じ茶帯一級になっている。お孫さんが一度稽古に参加したが、小学生が大人を投げていたのには驚いた。

エステサロンの女性経営者は還暦を過ぎている。数年前は空手どころか、大げさに言えば立っているのも辛い状態であった。身長は一六四センチなのに体重が三七キロまで落ちていた。股関節がずれやすい。肩関節も痛む。全身のどこかが常に痛む。整体からペインクリニックでのブロック注射まであらゆることを試してきた。

友人に誘われて、東京支部長が日曜日にやっているストレッチクラスに藁をもつかむ思いで参加した。後でわかったが、ストレッチと思っていたのは、麻山館長が自分の腰痛を解決する一助として考案した「根幹トレーニング」であった。伸ばすというよりは、軽い負荷を繰り返しかけて、関節の周りを緩めていく方法である。これが彼女には合っていたらしく、少しずつだが身体の調子が良くなっていくのを感じた。それでもときどき関節がずれて動けなくなることがあり、支部長に調整してもらう必要があった。

空手の稽古のあとの時間にストレッチクラスがあったので、道場生もそのまま参加することがある。彼女がクラスに入ってから三年ぐらいして、私が東京支部に入門した。身体が硬く相手の膝より高い位置を蹴ることができない私もストレッチクラスを利用するようになった。乱暴な空手は彼女には別世界のもので、興味を持ちようもなかった。

彼女の身体の調子が少し良くなってきたとき、型のサンチンぐらいならできるのではないかと、彼女は支部長から稽古に誘われた。金曜日の私の指導する型専科クラスが始まっていて、それに参加することになった。小学校から体操の時間は見学で過ごし、運動はまったくしたことがなかったので、サンチンの順番もなかなか覚えられなかった。それでも身体に良いかもしれないと稽古を続けた。

順番を覚えると、人数合わせで東京支部の大会に型クラスで出るよう支部長に言われた。断わるのは勇気が要るのでやむなく出場した。型の競技では、二人ずつ会場の中央に出て、同時にサンチンを披露する。彼女といっしょに出たのは有名塾のカリスマ講師で、大変忙しいのでめったに稽古に来られない人である。その彼がサンチンの転身の後の型をまちがえた。まちがえたことも意識しておらず、あまりにも堂々とまちがえたので、彼女は自分がまちがえたのかと思い、混乱して身体の動きが止まってしまった。それが最初の失敗であった。

その後もいくつかの大会に出場するが、必ず順番をまちがえてしまう。館長に、「今回は順番だけはまちがえないようにしましょうね」と励まされるのだが、やはりまちがえてしまう。それでも自分を奮い立たせ続けていると、型を稽古する楽しさもわかるようになり、健康も改善されるのが感じられる。サンチンの次のナイファンチンも覚えた。直轄道場に入ってからは自宅での稽古にも熱が入り、ついには二〇一四年の千葉大会で優勝する。最優秀選手賞も獲得できた。型の構えをした瞬間、彼女の身体に気が通ったのである。

今は体重も五〇キロ台になり、体調もすこぶる良くなっている。術もかなり成功するようになり、男性を倒せるようになっている。稽古を休むと大事な教えを受け損なうと思い、もったいなくて休めない。特別の用事がないかぎり皆勤している。道場でも最も動いている一人である。分解組手で相手を倒すし、率先して攻撃側を買って出てポンポン倒されてもいる。ひと昔前なら一度倒されたら、身体が悲鳴を上げて続けることができなかった。なにしろ木の割り箸なら割ることができるが、火曜日の稽古の後で行く居酒屋の竹の割り箸は割れないほどの非力である。それでも極真の元道場長を倒すことができる今の自分を不思議だなと感じている。道場の会計係を買って出て、直轄道場は彼女抜きでは運営できない。皆を家に呼んでご馳走するなどの世話も歓んでしている。今は茶帯一級になっており、黒帯も目前である。

プロフェッショナルな家庭教師をしている人がいる。元高校の国語の先生である。型専科クラスと本部直轄東京道場の立ち上げにはずいぶん協力してもらった。子供の頃に事故のためギブスで足首を固定されたことがあり、足首が曲がらなくなって、二度にわたってアキレス腱を切る手術を受けた。そのため今も踵を床に着けることができない。そのせいで脚の筋肉も極端に細い。そのハンディキャップのせいか、逆に強くなりたい気持ちもあり、空手には昔から興味があった。なんとか機会があれば空手に触れたいと長い間思っていた。円心会館の東京支部をホームページで調べ、道場の前を行ったり来たりして中の様子をうかがった。そのとき、たまたま空手道場にはふさわしくない高齢の男がサンチンを稽古していた。あんな人も空手をやっているのかと思うと同時にサンチンの型が格好よく見えた。そこで思いきって道場の門を叩いた。それが私との出会いであった。

感覚が鋭く、相手のどの部分に気が通っているかがわかる。武術空手への入口を手探りで探していた当時の我々には、彼の指摘が大変役に立った。特に教える立場になっていた私には、クラス直前の彼との稽古で指導内容をリハーサルすることが重要であった。今はその必要がなくなったが、術のかかりが不十分な当時の私にとっては、どこが悪いのかを指摘してもらい、矯正する必要があったのだ。

踵を床に着けることができないことは、動きの中で中心を保つことを難しくする。姿勢が崩れるからである。それを言い訳にせず、より強い覚悟を持ってひたすら中心を保持すれば、術がかかることを実感できるようになった。急速に腕を上げている。現在一級。

稽古内容と昇級審査項目

ここで、真義館本部直轄東京道場で行なわれている武術空手の稽古の一端を示したいと思う。一部は145〜153ページの写真に示されている。ここでは、武術空手も、活人術として分類している。

真義館では、古伝の型と六種類の組手の型が必須項目となっている。古伝の型の選択は、座波仁吉(ざはにきち)師が最高顧問を務めていた心道流と共通している（宇城憲治『武術空手の知と実践』どう出版）。

一、身体が重くなっていることを検証する。

古伝の型

一、サンチン。
二、ナイファンチン。
三、帯によって、パッサイ、クーサンクー、セイサン。

活人術の基本

一、脱力して寝ている相手の片手を、立った姿勢で取って上体を引き起こす。

二、正座姿勢で寝ている相手の首の後ろに片手を入れて抱き起こす。

三、足を延ばして上体を起こし、後ろに倒れまいとがんばっている相手の横に正座し、両肩を触れて寝かす。

四、亀のようにうずくまっている相手の横に正座し、両手で軽く押してあおむけに転がす。

五、合気上げ。

活人術の中級

つかまれた状態から崩す。

一、サンチンの両構え（両腕受け）を向き合った相手に下から支えてもらい、支える相手を崩す。

二、サンチンの片腕受けの構えを両手で支えている相手を崩す。

三、ナイファンチンの手刀受けの手を下から両手で支える相手を倒す。

四、下段払いの手首を両手で強くつかまえる相手を、腕受けの形にして後ろに倒す。

五、正座して、向かい合って片膝立ちしている相手の襟（えり）と袖（そで）を指でつまんで横に倒す。

稽古のあとで。

杖で倒す。　①向き合う。

②型の内面で入り、

六、大外刈りで倒す。お互いに立って向かい合い、襟と袖をつかみ、脚をかけ合った状態で真下に崩す。

七、その他

分解組手

追い突きする相手に対して

一、腕受けで崩す。

二、外受けで崩す。内、外。

三、サンチンの虎口で崩す。

四、サンチンの中割れで崩す。

五、ナイファンチンの手刀受けで崩す。内、外。

六、腕受けや外受け、あるいは手刀受けで相手の真後ろに回り、後ろに引き倒す。

七、手刀受けから相手の肘（ひじ）あるいは腹に肘当てして倒す。

③無力化して、

④力を使わずに倒す。

前蹴りする相手に対して
八、下段払いから裏投げ。
九、虎口で脚をすくい、後ろに倒す。
一〇、相手の前蹴りが届く前に、自然体から前蹴りで倒す。

上段手刀打ちをする相手に対して
一一、相手の手首と肘に触れて後ろに倒す。

横面打ちをする相手に対して
一二、軽く組み付いて倒す。

その他
一、立っている相手の両肩に手を触れて横に倒す。
二、組手の構えでいる相手を倒す。
三、腰タックルした相手を、手を使わずに崩す。

四、両手で杖（じょう）を持ち合い、相手を背中から倒す（前ページの写真）。

活人術（活人空手）の上級

自由組手で攻撃してくる相手を倒す。

本部直轄東京道場での昇級審査においては、級に応じてサンチンからセイサンまでの型と共に、右に挙げた活人術の項目のいくつかが選ばれて審査される。白帯はサンチンと活人術基本三種を行なうことが要求される。初段への昇段審査ではクーサンクーまでの型すべてと活人術の中級までのすべてを要求される。

あるレベル以上はどの術もできるので、種目の数は問題でなく、「内面」を使い、筋力を一切使っていないことが示されなければならない。あるいは強い突きができる相手に術を効かすことが要求される。

弐段に昇段

二〇一四年六月末、東京・港区スポーツセンターの武道場で、昇級・昇段審査が行なわれた。昇級審査を受ける道場生九名と共に私自身が弐段への昇段審査を受ける。初段になってから約三年、東京直轄道場ができてから約一年経っていた。

このとき、プレーイング・マネジャーとは大変だとわかった。九名が無事に審査を通ってくれることのほうが心配で、自分のことに集中するどころではない。

館長は、審査を受ける全員の昇級を前提に、東京に来る前にいつも帯を用意しておく。「結果を後で発表するより、すぐにわかるほうが嬉しいでしょう」と。また、「昇級するのがはっきりしないときは、次回に審査を受けさせてください」とも。そして「指導者は大変ですね」と。その心は「全員が立派に昇級できるように、しっかり指導してください」ということなのである。

何人かは昇級できるかどうかぎりぎりのレベルしか稽古をしていない場合もある。初心者の中にはまだ欲がなく、クラスで教わる稽古でほぼ十分と考える者もいるが、自主練習は強制できない。また、ふだんはそこそこできるのに、審査の場で緊張して術がかからない場合がある。武術空手は心がリラックスして安定していることが重要なので、緊張は敵である。失敗するとますます緊張するので悪循環に入ってしまう。いずれも、指導の責任を問われることになる。

規定されている型と活人術、あるいは活人空手の術の審査が進む。審査終了後、館長による不十分な部分への指摘があり、指摘された者はその場で再トライを行なってぎりぎりの合格点をもらう。結局、九名全員が昇級することとなった。その間、私は自分の欠点を指摘されているような気持ちで針のむしろ状態となっている。

さて、私自身の審査であるが、初段の審査の際は組手主体のスポーツ空手であったが、今回は武術空手（活人空手）による審査である。

型の審査は古伝の型、サンチン、ナイファンチン、パッサイ、クーサンクーである。身体の硬い私にとってクーサンクーの片足で一回転してから一瞬に伏せる動きはきつい。右足を曲げ、左足を後ろに延ばし、上体を起こして両手を床につける。今なら中心が作れているので、少しましになっていると思うが、このときはやはり姿勢が崩れた。

スポーツ空手の十人組手に対応するものとしてどのような審査があるか。事前には知らされていなかったが、最初は、十人を相手にする組手が審査された。十人が一列に並んで次々に間を置かずに指定された追い突きや前蹴りを行ない、これに対して、すべて異なる受け方をして相手を倒す。前節で述べた術をすべて行なうと言ったらよいか。

最後に、突きだけに限定した自由組手の攻撃を受け、その対処が試された。攻撃は、組手でもある程度の成績を有するバーテンダー氏である。道場生のリーダーである。彼が左右の突きを次々に放ってくるのを、避けずに彼の中心に入り込んで倒す。

スポーツ空手の審査と比べ、静かに事は進んで終了した。黒帯に二本線が入った。

著者のパッサイ。弐段への昇段審査で。

なお、現在の初段への昇段審査においては、通常の格闘技空手で要求される十人組手に対応させて、同じ十分間を設定し、次々と交代で攻撃してくる相手を異なる術で倒し続ける分解組手が要求され、より厳しいものになっている。

道場破り?

最近は真義館本部のホームページに小さく載っている東京直轄道場の紹介を見て訪れる人もいる。訪れるのは腕に覚えのある方が多い。

ある日、ごつい身体で坊主頭に近いほど短く刈り上げた、四十代後半ぐらいの人が道場を覗いた。ホームページで調べて道場に来たとのことである。ただものでないことがわかった。入ってもらい、いっしょに稽古を受けてもらった。

たまたま大外刈りの体勢で相手を倒す稽古をしていた。お互いに左手で袖を、右手で襟を持ち合い、右脚をかけ合って倒す稽古である。筋力のやりとりではなかなか相手を倒すのは難しい。来訪者は胸板も厚く、鍛え上げた身体であることは触れなくともわかる。八〇キロの体重であることが後日わかる。まず彼に私を倒す努力をしてもらう。力ははるかに強くても、力では私の抵抗を受け、容易には倒せないことを実感してもらう。死にものぐるいで全力を発揮すれば強引に倒せるかもしれないが、勝負が目的ではないので、筋力では簡単に倒せないことを実感してもらう。

攻守立場を変えて、私が力で倒す努力をする。パワーで圧倒している彼でも私を倒せないので、私が彼を力で倒せないのは当たり前である。次に内面を使って術をかける。感謝が入ってきた。彼はアッと叫んで倒される。最初は彼の中に硬い岩のような抵抗を感じるが、次の瞬間、その岩がもろく一瞬に割れ落ちる感じである。筋力で鍛え上げた人に固有の感触である。武術空手の稽古を積んでいる人を崩すときは、相手の芯に、もろさでなく柔軟性を感じる。

後日知ったが、彼は極真空手の千葉方面の道場長であり、壮年の部で優勝経験のある五十歳、参段であった。百人以上の弟子がいたそうである。ご両親の介護で忙しくなり、最近自分の道場を後進に譲ったとのことである。

彼は白帯として入門し、女性の道場生に技をかけられ、倒されて感動している。「これが探していたものです。毎日の両親の介護では、愛を実践する難しさを感じています。その忙しい中で時間を探して来るこの稽古が生き甲斐を与えてくれます」と言ってくれている。外見のごつさとちがい、心の優しい人であった。月に一度くらいしか来ることができないが、彼が道場に顔を出すと我々も嬉しくなる。極真時代の仲間と会って今の稽古の様子を話しても、誰も信じてくれないと嘆く。「自分がまだそれを示せるレベルになっていないのが残念です」とも。

先日、女性の道場生から「知り合いの男性が見学体験したいと言っていますが、よろしいですか」と問い合わせがあった。入門を検討するために見学に来るのは大いに歓迎なので快諾した。数日して彼女から、「彼はある拳法の道場で師範代をしています」というメールが来て、ちょっと戸惑った。

明らかに入門が目的ではなく、我々の稽古を体験したいということだが、その目的がはっきりしない。女性の道場生は入門して間がなく、理解も進んでいないので、筋力でなくコロコロ崩される体験を神秘的なものととらえ、彼には不思議現象と説明している可能性がある。彼も武術家として、そんなものはありえない、自分の目でインチキを暴いてやると思っているかもしれない。それなら別に不都合はない。術を体験してもらえばすむことである。

女性道場生といっしょに現れたのは、真面目そうな好感の持てる男性であった。後で知ったが、十八歳から拳法を始めて、現在四十一歳、五段であった。

普通通りの稽古を行なった。準備運動として最近採り入れているチベット体操、基本稽古を行なう。やはり高段者らしく、すぐに正確な動きをする。型の稽古は省略して、すぐ活人術の稽古に入る。

192ページにあるように、両構えの腕を下から彼に支えてもらい、両構えの前腕を前に倒すことで彼を崩す。尻もちをついて転がった彼は、何が起こったのか理解できずにびっくりしていた。

そのあと私の片腕を彼の両手でつかんでもらい、そのまま両構えと同じく相手を崩す稽古に移り、さらに大外刈りを経験してもらう。彼がかなり衝撃を受けていることは見てとれた。脱力して寝ている人を起こす、亀のようにうつぶせに身体を丸めている人を横から触れて転がす等も経験してもらった。

最後は分解組手の稽古で締めることにした。上級者の一人が追い突きをし、それに対して他の全員が列を作り、順番に腕受けなどをして突き手を崩す稽古である。彼を紹介した白帯の女性道場生も一度成功し、皆の喝采を受ける。上級者でもそのときの状態によってなかなか成功しない場合もある。頭を使うとできないし、できなくなるとますます頭を使いはじめるからである。彼もトライするが、できないのはしかたがない。

稽古の後、何人かと定番の居酒屋に行った。そのとき彼の二十三年の武術歴を知った。「衝撃でした。武術の奥深さを知りました」と言う。彼が帰った後に、回り道をしないで真義館の活人空手を知ることができた自分達の幸運をあらためて話し合った。

最近知り合った三十歳の銀行員が、私に用件があって道場に顔を出したことがある。ちょっと道場に上がったらと勧めて体験してもらった。いろいろ体験してもらったが、意外にも彼が一番驚いたのは、人を抱きあげたときの重さが極端に変わることだと言う。体重五〇キロ前後の女性道場生を、銀行員が普通の状態で後ろから腰を抱いて持ち上げると、軽々と持ち上がる。彼女が気を通し、再度銀行員にトライしてもらうと、足の裏が床に貼りついたままで、少しも持ち上げることができない。

「なんだ、これは？　体重が十倍くらい重くなって、ビクともしません」と言う。我々にとっては一番やさしく、基本中の基本なので術とも言えないのだが、彼には一番の驚きを与えたようである。

たしかに他の術は、道場生同士で行なっているのを見ているだけだから、「やらせ」と思われることもあるかもしれない。その点、抱き上げる人の重さが極端に変わるのは、本人が持ち上げるのだから「やらせ」の余地はまったくないし、質量保存則の物理原理に反しているように見えるので、純粋な驚きとなるのであろう。こちらも勉強になった。銀行員は「時間さえあれば通いたいな」と言ってくれた。

道場の前を行ったり来たりしていた外国人が入ってきたこともある。明らかに格闘技をやっている筋骨隆々の男であった。片言の日本語で「十八歳の頃からしばらくフルコンタクト空手をやっていました。最近は運動不足で……」と、日本の格闘技ブームの火付け役となった流派の名前を言う。「ここは極真ですか」と聞く。道衣の「真義館」が読めない。英語もほとんど話せない。

ともかく道場に上がってもらい、体験してもらった。あまり時間がなさそうなので、大外刈りだけ体験してもらった。外人特有のがっしりした体格で、倒せるかなと一瞬思ったが、いつもの稽古でやるように相手は崩れた。そのあと同じ大外刈りで、こちらが天井を見るようにのけぞる体勢まで押しこまれた状態からでも、相手を崩した。

体格がはるかに勝（まさ）っている自分がいとも簡単に崩されてびっくりしていたが、感想を聞く暇もなく帰って行った。いちおう入門のための書類は持っていったが、その後現われることはなかった。最近、このように訪れる人が増えている。大山倍達の昔だったら、いわゆる道場破りなのかなぁと思ったりする。

第八章

武術空手の深層を探る

スポーツ空手から武術空手へ

スポーツ空手にとって重要な、興奮をもたらす闘争心、相手を打倒しようとする気迫、頭に浮かぶ戦術、技の手順――これらは武術空手にとって役に立たないどころか、上達を妨げる主要因であることを、初め私は知らなかった。

武術空手の稽古が進むにつれて、相手を崩す条件が、それまで考えていたスポーツ的なものとは正反対であることが徐々にわかる。今まで正しいとしてきた常識を棄てなければならないし、無意識に力を出す身体の動きを止めなければならないので、大いなる混乱をもたらす。

倒すための主たる条件は内面的な動きであり、それは目に見える形で明示されないので、最初はお手上げ状態になる。目的は相手を倒すことであるが、「倒そう」と思うこと、倒すために無意識に生じる力が大敵なのである。「倒す方法」を頭に浮かべてもダメ。それらは今までの身体と頭脳の使い方に対する全否定である。

悪いことに、相手を崩す条件が一〇〇点満点で満たされないと相手は崩れてくれない。現実の世界ではオマケというものがあり、九〇点なら大いにけっこうで、六〇点でも合格とするのが普通であろう。獲得点に応じた成果が得られれば、悪いところを改善してさらに良い結果を得ようとする努力に励みがつく。スポーツはそういうものだ。努力すればするほど成果が出る。

しかし武術は厳しい。満点でなければ相手は崩れてくれない。つまり成果はゼロである。途中の努力は一切評価されない。

ただし、武術習得の救いは、いったん条件の満たし方が身につけば、その後はずっと倒せる。スポーツ空手なら、肉体的に衰えれば勝てた相手にも勝てなくなる。

私の初期の経験を述べよう。「筋力を使わない、内面を使う」と言うなら、それでは「気」なのかと思い、格闘技の延長として相手を圧倒する気迫を込めることであると思ってしまった。身体も緊張し、力がこもっている。これでは相手の身体に伝わる「気」など出るはずがない。むしろ闘争心からの気迫は、「気」を内にこもらせ、外に出さないようにしているのである。

スポーツ空手に真剣に取り組んできた経験者ほど、正反対の武術空手へ移行するのに苦労する。ただし、真剣に取り組む姿勢は武術空手にも一番重要なので、これは財産として持っていける。

私のスポーツ空手の経験がたかだか三年ほどと短い上、年齢のハンディキャップもあり、そうでなくとも上達する才能もあまり持ち合わせていなかったので、スポーツ空手にどっぷり染まりようもなかったのが、かえって武術空手になじむのに幸いしたかもしれない。もちろん、一番幸いしたのは館長の個人指導を受けることができたことである。武術空手への移行が比較的スムーズにいったと言える。直轄東京道場の道場生は最初から武術空手しか知らない者がほとんどである。武術空手の習得は早い。

力学的原理の限界

人は生まれてこの方、身体を力学的に効率よく使うように訓練されてきて、無意識にそのように動く。相手を倒そうとすると、倒す方向に身体を傾けて無意識に体重をかける。さらには腕で押したり引っぱったりする。足の位置を変えて有利な体勢を取ろうとする。当然、相手は倒れまいとして逆方向に力をかけて抵抗する。力同士がぶつかるのである。衝突が生じる。

力を発揮するために無意識に働く動きは、武術空手には役に立たないばかりか、邪魔になるだけである。武術は衝突が生じたら失敗である。衝突が生じないように、相手が抵抗できないように倒すのである。

スポーツ空手はスポーツの三要素、パワー（筋力）、スピード、タイミングによって相手を攻撃し、守備をする。心理的な駆け引きは当然あるが、運動原理は力学である。そこには攻撃と守備の相互の応酬の連続があり、一進一退の闘いが続く。観客はその一進一退にハラハラドキドキし、興奮する。空手だけでなく、ボクシング、キックボクシング、総合格闘技、レスリング、柔道などもスポーツ格闘技である。基本は衝突であり、興奮が興奮を呼ぶ。流血する場合もあり、興奮は倍加する。

スポーツの三要素に優れた者、つまり力学的に優位なほうが勝者となる。パワーはおおむね体重に比例するので、体重の近い者同士で闘う体重制が採り入れられている。また、パワーは筋力の強さが重要なので筋トレは不可欠であり、トップファイターは全身を筋肉の塊にするよう努める。筋力のあるほうがはるかに有利であり、空手の場合には厚い筋肉が鎧（よろい）ともなって、相手の突きや蹴りの衝撃を弱めることができる。

武術空手は衝突の応酬がないので、一瞬で勝負が決まってしまう。観戦していても術の見事さには感心するが、血湧き肉躍る興奮はない。攻守の動きが仕組まれた「やらせ」にしか見えないときもある。空手だけでなく、たとえば刀による斬り合いも、達人は刃（やいば）を交わすことなく一瞬で相手を斬ってしまう。下手な者は相手の打ち込みに対して条件反射的に自分の刀で受ける。打つ・受けるの応酬になってチャンチャンバラバラと斬り合うのはスポーツに対応する。

武術は力学原理によらずに相手を制する。力の出所が明確でない運動量を利用することも

追い突き

あるので、力学原理を一切使わないわけではないが、本質部分を力学的に説明することはできない。人間の動きの仕組みには、力学的な面以外に、生理的な面、とくに脳生理学的な面があり、武術はこの面を利用しているとも言える。

武術を力学的に説明している本もある。両足がつくる四辺形をベースとして、身体の重心からの垂直線がそのベースの中にあれば倒れないが、外れると倒れる、と説明する。合気道では相手の重心がベースを外すように相手の身体を誘導する。入り身投げ、小手返し、四方投げなどがそうである。

では武術空手の一番の基本と言える分解組手の腕受けを、力学的に説明できるだろうか。あるレベル以上であるなら、追い突きをし終わった突き手の姿勢は、身体の重心が両足のつくるベースの中にきちんと落ちている。力学的には非常に安定した姿勢である。実際にこの姿勢の相手を力で倒すのは難しい。横方向には倒しやすいかもしれないが、それでも相手は横から押されれば、足を動かして新しい安定したベースを作る。

しかし武術空手では力学的に安定しているはずの突き手に軽く触れるだけで倒れる。倒れないように足の位置を変えることも身体が固まっていてできない。力学の範囲では、なぜ倒せるかを説明することはできない。

別の例を示そう。といっても、武術の術のほとんどを力学で説明するのは難しい。192ページのイラストに示しているように、両構え（両腕受け）の両手首を向かい合って直立する相手にしっかりと両手で下から支えてもらう。支える側は両肘を体側にきちんとつけて身体を固める。両構えの前腕を下ろすことで相手を崩すことができたら、自分の姿勢が正しいことになる。

どう考えても、力学的に支えているほうがはるかに有利である。崩そうとする力は曲げた肘を延ばす力であり、支えるのは直立する身体全体である。しかし、新入門者を除き、多くの道場生は支えている相手を崩し、後ろに転がすこともできる。片腕を両手で支えられた場合も、同じように崩せなければならない。

力を使わないで相手が崩れる

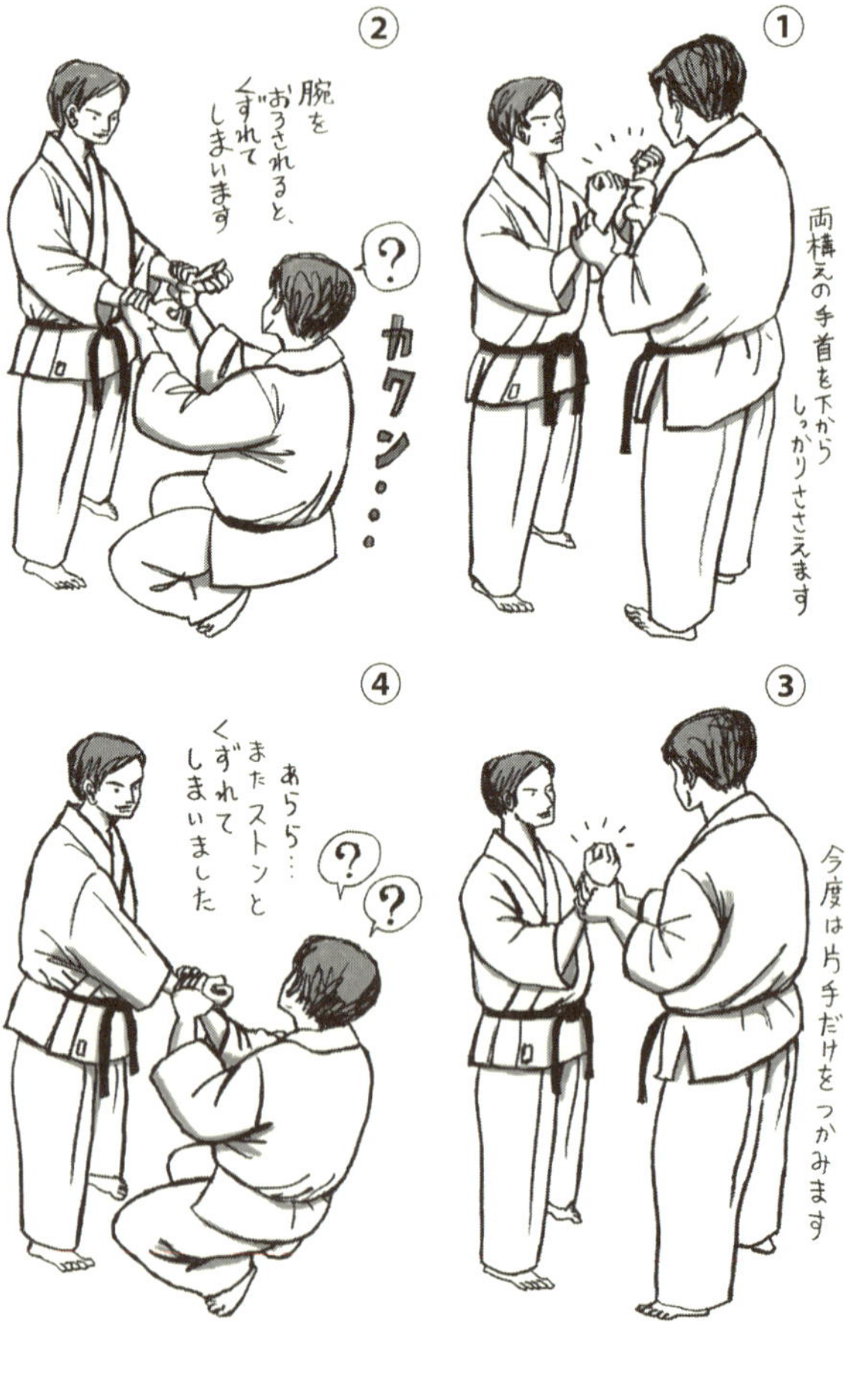
①
両構えの手首を下からしっかりささえます
②
腕をおろされると、くずれてしまいます
?
カクン…
③
今度は片手だけをつかみます
④
あらら…またストンとくずれてしまいました
?
?

いずれの場合もよくあるのは、崩す側が無意識に身体を前に傾けて、体重を支えている相手の両手にかけようとすることである。力学的に有利な方法ではあるが、実はこれは崩すためには逆効果である。

どの術でも最初にできたときは、みんな言うセリフが決まっている。「これでいいのですか？」「本当にできたのですか？」「おまけしてくれたのではないですか？」と。筋力を使わずに、ほとんど触れただけで相手が倒れるからである。「本当に力は要らないのだ！」と驚き、感動する。

術ができているかどうかを知るには、相手が倒れるか倒れないかのいずれしかないので、リトマス試験紙で酸性かアルカリ性か調べるように明確である。できる、できないに主観の入る余地はない。もちろん攻撃の突きが強くなると難易度が上がる。初心のうちは弱い突き手は崩せても、強い突き手を崩せない場合もある。繰り返しになるが、筋力的に有利な状態は武術的に邪魔になるので、話が厄介になる。力学的に有利な体勢は、相手にも抵抗しようとする筋力を生じさせるからである。

武術の本質

我々の生きている環境は、ほとんどのことが力学的に説明可能な世界である。したがって、それがすべてであると思いこんでいる人も多い。学校でもニュートン力学が日常の生活環境を支配していると教えている。力学原理に外れる現象は不思議現象として生理的に受け入れない人が多いことも周知の事実だ。世の中には怪しげなものも多いので、そのような反応を一概に非難することはできない。

第一章の冒頭の試合のシーンで述べたように、組手で一番大事なことは、相手に対して退かないことである。しかしスポーツではこれが闘争心として表れる。闘争心があると、必ず攻撃する力の身体になる。これに反応して相手は身構え、反撃する。この次元にいるかぎり、武術に移行できない。これを超えるには大きな飛躍が要るのだが、どうしたらよいのであろうか。

相手を倒すのに、筋力ではなく何を使うか——これであるが、これを説明するのが難しい。表に見えない部分を使うからである。いわゆる奥義や秘伝と言われるものがある。言葉を尽くしていて、なるほどとすぐにわかる奥義というものは存在しない。わかったような、わからないような表現が多い。そのレベルに達した人だけがそれを授けられて「うむ、そうだ！」と得心がいき、それまでの霧が晴れる。白紙の秘伝書もあると聞く。館長は言う、「できれば、わかります」と。

実は、武術の本質は後で述べるように「入(はい)る」である。「入る」ことができれば、相手に軽く触れるだけで倒れる。むしろ軽く触れないと、相手は覚醒し、抵抗できる状態に戻ってしまい、術はかからないことになる。

フルコンタクト空手の猛者である支部長達は、真義館が設立されて各大会で披露される館長の演武に接し、また直接相手をして、奇跡としか思えないその術の威力を知り、驚き、その習得に全精力を傾けたいと思った。それを道場生に伝える責任も感じた。同時にその原理がスポーツ三要素を使わないことを知り、大いに戸惑ったのは当然である。長い間真剣に取り組み、世界大会に優勝するほどに鍛えた心と技が、武術空手の助けになるどころか邪魔になることがわかって困惑する。ある意味で過去が否定されてしまうのである。

館長は言う、

「武術空手を習得する素晴らしい方法があります」

皆はこれから開示される秘伝をひと言も聞き洩らすまいと固唾（かたず）を呑んで待つ。

「それはサンチンです」

ひたすら型をやれということである。

館長に型をやる上での上達の秘訣を聞いたことがある。

答えはひと言、「正しい稽古」であった。正しくないと無意味なのである。努力賞はない。

その答えを聞いたときは、「正しさ」がわからないのにどうすればよいのかとしばし途方に暮れた。

武術には正しさを教えてくれる師が不可欠となる。我々にとって館長が師である。館長は人としての師を持たなかったにもかかわらず、今の高いレベルに達している。館長にとっての師は型そのものである。型の正確性を求めてとことん稽古することで、より深い「正しさ」を引き出せるレベルに達しているからである。

「観る」と「入る」

相手が攻撃してくるとき、攻撃してくる拳や足、あるいは刀の動きが目に入り、本能的に攻撃を避けるとか、払う動きをするのが普通であろう。恐怖心を持ったり攻撃を避けようとする動きは身体を硬直させ、弱い状態にする。このとき最初の攻撃を避けることができても、相手の追撃（二の手）を避けることができない。

避ける動きは自分の身体を一時的に守ることにはなるが、武術では「守る」だけの動きはない。必ず同時に攻撃を含む動きとなっている。「攻守一挙動」「攻守一如」である。「攻守一如」の対応ができると、攻撃を仕掛ける相手の身体は崩れており、さらなる攻撃を加えることはできない。

96〜97ページの連続写真を参考にしながら、腕受けの分解組手をもう一度詳細に見てみよう。

後で述べる「自然体」で構える。相手はこちらの胸を狙って追い突きをしようとするが（写真①）、その直前に、相手の中心は微妙な気配の変化を示す。こちらはその気配の変化をキャッチした瞬間に腕受けをする（写真②）。このタイミングが成否を決定する。少し遅れて相手の追い突きが出てくるが、こちらの腕受けで相手は「無力化」されているために壁にぶつかったように身体が止まり、突く拳はこちらの中心を外れる（写真②）。突き手の身体は少しのけぞり気味で、崩れかけている（写真②）。相手の身体は固まった状態であるので、突きの腕もしくは肩に軽く触れると（写真③）、相手は後ろに倒れる（写真④）。

相手の攻撃の気配を感じた瞬間に行なわれる腕受けは、見かけ上は相手の突きを受け止める「守り」であるが、実際は相手の動きを止め、相手を崩す「攻撃」となっている。絶妙な瞬間の腕受け（写真②）で勝負は終わっている。倒すこと（写真③）は武術にとっては後処理に過ぎない。軽く触れるだけである。

スポーツでは倒すところ（写真③）が最重要で、相手の身体に必死で大きな力を加える。相手の体勢を崩すために、押したり、前に引っ張ったり、脚をかけたりする。勝負のポイントがまったく異なる。

武術における術の成功の条件として、昔から言われていることを述べよう。

相手の鋭い攻撃に対して、それを制する「攻守一如」ができるためには次の二つが必要である。

一、「観の眼」を有し、相手の攻撃の起こりを察知できる。

二、相手に「入る」ことができる。

まず、相手の攻撃が表に現れる直前に、その気配（初動）を捉えなければならない。そのためには「観の眼」が必要である。さらに初動を捉えて「入る」ことが必要である。「観る」「入る」は切り離せないので、まとめて「入る」と言うときもある。

「観の眼」とは、相手の攻撃の手足の動きを視覚で捉える「目」ではなく、相手が攻撃しようと脳に指令を出す直前の瞬間を捉える「眼」である。視覚というより、全身の皮膚感覚に近いかもしれない。相手の動く前にそれを感じているので、その後の実際の動きに余裕をもって対応できる。

宮本武蔵は「観見二つのこと、観の目つよく、見の目よわく、遠き所を近く見、近き所を遠く見ること、それが兵法の要である」という言葉を残している。

この「観る」眼があれば、相手が拳を突く、蹴りをする、剣の道であれば刀で斬りかかる直前を捉えることができる。通常は「目」で見ているので、相手の攻撃してくる手足や刀の大きな動きが目に入り、これを避けることで精いっぱいとなる。動きの始まる以前の微妙な兆候を捉えることはできない。

攻撃の初動を捉える「観の眼」があれば、攻撃の手足がまだ動いていない段階で動きを抑え込む、つまり「入る」ことができる。「入る」ことができれば、相手は動きの意図が止められ、身体が固まった状態となり、「無力化」できる。無力化された相手なら指一本で倒すことができる。

「入る」ことに関して、宮本武蔵の有名な言葉がある。

「攻撃する動き（ウゴキ）のウの頭を押さえること。気にても、太刀にても、身にても押さえよ」。あるいは「枕を押さえる」と言う。相手に攻撃させて、その出鼻を押さえるので、いわゆる「後の先」をとるということになる。相手がまさに攻撃しようとする直前を押さえるとは、「入る」を指している（宮本武蔵『五輪書』徳間書店）。

「今は入れた」「入れてない」「入れてないから崩れない」などは、いつもの稽古で常に飛び交う言葉である。「遅い」も頻繁に出てくる。攻撃の初動が捉えられないので、攻撃の手足の動きに反応せざるを得ない状態を指摘する言葉である。遅いと言っても動きのスピードが遅いのではなく、相手に対する反応のタイミングが遅いのである。「観の眼」が働いていない状態である。

以上の説明ではそんなものかと思うだけであろうが、「観て」「入る」が武術の要（かなめ）である事実を認識してもらえればよい。相手を倒すために筋力を加えるスポーツとはまったく異質であることがわかるであろう。

「観て」「入る」ことで、相手が崩れてしまう仕組みは脳の癖が関連しているが、これについては次章で説明する。

武術における自然体

それでは、「観の眼」をつくり、「入る」ことができるようになるにはどうしたらよいのであろうか。

結論を言ってしまえば、答えは正しく型をやりこむことである。

館長は「この結果どうなるか?」をまったく念頭に置かずにひたすら型をやり込み、「観る」「入る」能力を得た。ここでは「型をやればよい」と突き放さず、少し目標への道を分解して考えてみる。

身体的な側面を考えよう。

心の動きが武術の本質ではある。しかし、心の動きで術が自在に決まるようになるためには身体的な条件が必要となる。心は身体と深く関係している。身体が心の状態を決めている割合は想像以上に高い。普通は誰でも相手の攻撃に対して恐怖感を覚えて、無意識に攻撃を避ける動きが出てしまう。このように心が弱気にならない身体の状態がある。

それは「自然体」になることである。

館長の自然体の写真を載せる（次ページ）。一見普通に立っていて、何の変哲もなく見えるかもしれないが、これがどのような攻撃にも対応できる鉄壁の構えである。相手が攻撃した瞬間に崩してしまう最強の構えである。すでに相手に「入っている」構えでもある。

この「自然体」がどのような状態かというと、次のように書ける。

一、心がリラックスしている。

二、身体がリラックスしている。

三、気が通っている。

四、中心がある。

五、統一体である。

六、重い身体である。

これらは独立ではなく、同一現象に対して視点を変えて見ているだけである。個々の説明は後で触れる。

「心身統一合気道会」の藤平光一（とうへいこういち）師は、合気道を学ぶためには心身統一をしなければならないと説き、その大原則として次の四点を満たすべきとしている。

麻山館長の自然体。

一、臍下の一点に心をしずめ統一する。
二、全身の力を完全に抜く。
三、身体のすべての部分の重みをその最下部におく。
四、気を出す。
ただし、すべてができなければならないというのではなく、どれか一つを完全にできれば他の三つは自然に備わってくるとしている（藤平光一『氣に合するの道』心身統一合氣道会）。

ロシアの軍隊が採り入れている格闘技システマの四大原則も同様である（北川貴英『システマ入門』ＢＡＢジャパン）。
一、呼吸をし続ける。
二、動き続ける。
三、リラックスを持続する。
四、姿勢を保ち続ける。
システマでは特に一の呼吸をし続けることを強調する。

この四大原則は藤平師の合気の原則とも重なる。言い方はちがうようでも原則は共通する。

いずれも心身がリラックスしていることを原則としている。システマの呼吸をし続けるのも、身体を力ませない方法である。

「自然体」は、心の安定をもたらす。相手の攻撃に対しても恐怖心や緊張は一切消え、攻撃の拳や足にとらわれなくなる。相手の攻撃に自在に対処できることが強く確信できる。

館長はこの自然体を「スイッチの入った」状態と呼び、「スイッチを切ることはないでしょう」と言う。その状態に常にいるのが達人だと思う。

相手に向かい合う前に、スイッチが入っていれば、すでに勝負は決まっている。勝負のポイントは事前にスイッチを入れるかどうかであって、実際に相手を崩す動きは武術では単なる後処理となる。

「自然体」をつくり上げる具体的な方法は結局は型であるが、床にあおむけに寝て身体の各部を順次整えるとか、正座をして整える簡易的な方法もあり、クラスでは稽古の前段階でこれを行ない、効果が出ている。

「自然体」の原則を順次説明していこうと思うが、原則が互いにクロスオーバーしているので説明が重複して切り分けられないので冗長に感じられるかもしれない。

心身のリラックス

第六章の館長の「気を通す」の節で、身体に三つの状態があると述べた。心の状態も含めて書き直し、次の三通りに分けて考えてみよう。

一、心がリラックスしていて、姿勢を保つため以外に筋力を使っていない（リラックスの状態）。
二、心が緊張状態にあり、姿勢を保つため以上の筋力を使っている。腕や肩や腰に力が入っている（緊張の状態）。
三、気が抜けていて、姿勢をようやく保てるほど、筋力も抜けている（ふぬけの状態）。

強い身体になるためには、一のリラックスの状態にしておいて、「気を通す」ことが必要となる。ここで「強い身体」とは、相手が力を加えても姿勢や形が崩れない、相手の抵抗を受けても自在に動ける身体である。相手の加える力や抵抗を「無力化」できる身体とも言える。「気を通す」は第六章に示したような稽古を通じてつかみ取っていくしかない。

リラックスの状態が一番強い身体へ導く前提条件であることを、多くの人はなかなか理解できない。特に格闘技としてのスポーツ空手をしてきた人は、二の緊張の状態が強いと思う。三のふぬけの状態は論外としても、リラックスの状態もまったく無力の状態としか思えない。

そもそも身体をリラックスの状態にすることはなかなか難しい。リラックスの状態で立とうとしても、腰が反り過ぎてお腹が前に出ていたり、上半身が前に傾いていたり、頭が前に出ていたり、顎が上がったり、姿勢がどこか崩れており、上半身や下半身のどこかに力が入っていたりする。さらに動きが加わると、余計力が入りやすい。

また、相手に手首や腕をつかまれると、つかまれた部分に力が入ってしまう。また、つかまれたことで身体に緊張が走り、力みが出る。

最初のうちは力が入っていても気が付かないことが多い。特に腹筋、腰や臀部に力が入っていても気が付かない。「ここに力が入っているよ」と叩かれて、初めて力が入っていることに気が付く。

「自然体」は姿勢が整っていて、どこにも力が入っていない。

スポーツ空手で使われる緊張の状態も含めて、「どこかに力が入っている」ことがなぜ悪いのか。

緊張の状態では、研ぎ澄まされた感覚を要求する「観る」「入る」が、そもそもできない。緊張の状態では、力みの部分で気の流れが止まり、「気」が通らないので、強い身体にならない。

緊張の状態ではこちらの動きを相手に抑えられてしまう。接触している相手は瞬時にその力みを感じて自動的に抵抗できる。また、接触していない箇所でも、相手の対応する箇所にも力が入って相手は崩れない体勢になる。例えば、相手に手首をつかまれて腰に力が入ってしまうと、相手の腰にも力が入って腰がしっかりして崩すことができない。双方鏡に映したように同じ場所に力が生じる現象は、脳のミラー・ニューロンの作用と言われる。

かける側は全身脱力してリラックスしていなければならないのは、相手をそれに応じて力が抜けた無抵抗の状態にするためでもある。相手に腰をタックルさせて、相手の身体に手を触れずに崩す稽古は、このことを理解するのに有効である。

重い身体

「自然体」ができたかどうかは、「重い身体」になっているかどうかで検証できる。

自然に立って、後ろから腰を抱きかかえられて身体を垂直に持ち上げてもらう。このとき、身体が非常に重くなっていて、持ち上げることができないようなら合格である。足の裏がぴったり床に着いていて、踵（かかと）が浮くこともない。持ち上げる側の感覚としては、通常の身体と比べて数倍以上の重さになっているように感じる。もちろん物理的に考えれば体重が変化するはずはない。体重計で測れば同じ体重である。

「重い身体」であることは「自然体」になっていることの証（あかし）であり、「自然体」をつくるための条件でもある。

「自然体」をつくるのは姿勢を整えるなど、初心者には捉えどころがなくて難しいかもしれない。最初から「重い身体」をつくることから始めるほうが容易かもしれない。

下丹田（へそ下）が意識でき、そこに重心を置けるようになれば重い身体になる。最初は意識できないかもしれないが、それでもへその下あたりを意識し続ければ明確になってくる。藤平光一師も四原則で下丹田の意識を第一に挙げている。また、藤平師の言う、全身を完全に脱力するとか、すべての部分の重さが最下部にある意識とか、下丹田よりもさらに下の足の裏に全体重があるなど、いろいろ試すのも一法であろう。そのうちそのつもりになれば、瞬時に重い身体になれるようになる。いつも重い身体でいられるようになることが望ましい。

現代人の多くは浮足立って暮らしている。重心が上の方にある。私の現役時代もそうであった。焦った状態である。

近藤勇は、刀を構えている相手の肩が上っているのを見ると、ニヤッと笑って斬ったそうだが、重心が上がっている相手を崩すのは容易である。

物理的には質量保存則が成立するので、変化するはずのない体重が、重くて持ち上げられないようになるのはなぜか。重い身体は気の通った身体でもあり、抱き上げる側が「無力化」されているとしか思えない。つまり、通常では上げられる重さが、筋力が無力化されて、上げることができなくなるのである。

身体の重さをチェックすることで、型を正しくできているかどうかの検証もできる。型の途中の各区切りで、抱きかかえて重さを調べる。どの瞬間でも重い身体ならば、型が正しいと考えることができる。合格である。ある瞬間は重くても、動きに入った瞬間に軽くなるのが普通だと言ってよい。型の褒め言葉は「あの人の型は重い」であるが、文字通り、身体が重いのである。

重い身体になっていると、腰を抱きかかえられるときに、心が騒がない。軽い身体のときは、抱き上げられる前から上げられてしまうのではないかと不安が走る。身体自体が状況を把握している。

中心と統一体

型をやりこむことによって、気で手足のつながる先としての中丹田、下丹田が明確に意識されてくる。下丹田や中丹田はそれ自体が「中心」となるが、中丹田、下丹田を垂直線上に通した中心軸を意識できるようになる。

今の私のレベルで乱暴に言い切ってしまうと、下丹田が重心の置き場所、エネルギーや愛の蓄積場所、中丹田がエネルギーの出入り口、相手とのエネルギーや情報のやりとりをする場所となっている。

自分で明確に中心軸を意識できるようになると、面白いことに相手の中心軸も見えてくる。相手の軸のゆがみも見えてくる。また、相手が意識している箇所や重心がどこにあるのかわかってくる。相手の中心の微妙な変化で、相手の攻撃の初動を感じることができてくる。これが「観の眼」である。さらに相手の中心軸を意識することで、相手を倒すことが容易になる。

動きの中で自分の「中心」を意識することで、身体が全体として動きに参加する「統一体」となる。手足が中心とつながり、中心を動かしているようになる（藤平光一『氣の威力』講談社＋α文庫）。

武術空手では筋トレは大敵である。なぜなら筋トレは部分的な筋肉を鍛えるので、繰り返すことによってその部分のみを動かす神経回路ができてしまい、動きが必然的にその部分の筋肉を使うことになり、相手が容易に抵抗できるからである。

同じ手足の動きであっても、「統一体」としての動きと、動かす部分に意識のある「部分体」としての動きは、相手からするとまったく別物である（宇城憲治『武術空手への道』どう出版）。

例えば、192ページに示すように、サンチンの両構えを相手に支えてもらうとき、「統一体」の両構えはとてつもなく重く、支えている人の身体はしゃがみこむ形で崩される。「部分体」では腕だけで押し下げようとするので、いくら力を入れても、支え手には非常に軽く感じられ、支える身体はまっすぐ姿勢を保てる。

統一体としての手刀の動きは、刃先を感じて本当に刀で自分の身体が斬られたように感じる。身体も実際に刀で斬られたようにもろく崩されてしまう。指を針のように刺す動きで相手を倒すこともできる。道具を持っても同様で、木刀も統一体で持てば、相手には真剣と同じように感じられる。前蹴りでも、直接は身体に届いていないにもかかわらず、蹴りが身体を突き抜けたように感じて、「ウッ」と身体が二つに折れてしまう。「部分体」では手足はただ動いているだけで、相手に何の影響も与えない。

本能的にすぐに手足に神経が行ってしまう。それを、中心に意識を向け続けることで防ぎ、統一体を保持することができるとも言える。

特に相手につかまれると、つかまれた箇所に神経が行く。たとえば手首を相手につかまれると、つかまれている手首に全神経が行くのが通常で、その状態で手を動かそうとすると力を生み、相手は抵抗できて動きを止められてしまう。中心を意識した統一体の手首は、相手につかまれていることを意識していない。相手にとってはこちらの脱力した手首が消えてしまったように感じて抵抗する術がない。

以上、「自然体」になるための原則について述べた。

さらに奥は異次元感覚?

武術の世界では、我々の存在する三次元とは異なる次元に入り込むとか、自分が肉体より一段と高い位置から相手を含む全体を俯瞰しているとか、見えている世界がゆがむとか、見えている像が薄れて別の像と重なるとか、暴漢が殴りかかってきたとき、自分との間に白い点が螢のように飛んでいるので、つぶしては可哀想だと追い払っていたら、払う手がことごとく暴漢の顔を的確に殴っていたとか、さらに、にわかには信じがたいが、植芝盛平翁のように銃弾が届く前に黄金の球が飛んで来るので、それを避けると銃弾も避けられるとか（塩田剛三・塩田泰久『塩田剛三の世界』海鳴社）、通常をはるかに超えた能力を発揮したとき、何らかの感覚の異常を伴っている体験談が多い。

剣術の極意を得ようと必死で追い求めてきた武士道の歴史の中で、数多くの逸話が残されている。いずれの逸話も勝負を決する究極のときには、覚醒した通常の精神状態から特殊な精神状態への変化が生じて勝利をもたらしたというのが共通している。直前までの動きは克明に覚えているが、勝敗の瞬間は「あとで考えてもどのような動きをしたかわからない」が、「言葉にできない妙というものの助け」を得て、相手を制することができたという。当人には詳細の記憶がなく、分析できない瞬間が訪れている。

奥義や秘伝は、技に対するノウハウではなく、覚醒している状態から超人状態への、精神内面の変化を伝えようとする。言葉で表現することは非常に難しい。

小野派一刀流の祖である小野忠明が伊藤一刀斎から引き継いだ夢想剣（無想剣とされるとき

もある）の奥義といわれるものがある。保江邦夫氏はその著の中で数十ページを割いて紹介し、精神物理学の立場から分析している（保江邦夫『脳と刀』海鳴社）。

夢想剣の口伝（くでん）の一つに「太刀を振りかぶり、ただ振り下ろすだけ」とある。当然これのどこが秘伝か、という疑問が生じる。長嶋茂雄氏の「来た球を打て」と同じかもしれない。

困惑した高弟が「いつ振り下ろせばよいのですか？」と師に問う。師は答える。「太刀を振りかぶり、相手の後ろ姿を捉えたとき、そのまま振り下ろせば必ず相手を斬ることができる」と。相手と正対していては当然その後ろ姿は見えない。相手の後ろ姿を捉えるというのは何を意味しているのか。そして、なぜこれで相手を斬れるのであろうか。

覚醒した意識では、相手の太刀筋に意識がいき、同じ程度の腕の持ち主同士では勝てるか負けるか、一か八かのギャンブル的な闘いとなる。

私には、この師の答えは抽象的なぼんやりしたものではなく、明確な指針を示していると思われる。必ず勝利する特殊な精神内面に変化するための具体的な方法を示していると思える。

「相手の後ろ姿を捉える」ように、自分の精神内面を追い込むのである。夢想剣の名前である「夢想」状態になるように追い込む手段が「相手の後ろ姿を捉える」ではないか。

剣道をしたこともない私がこのように言うのはたしかにおかしい。ただ、空手で自己流に試した結果、そのように思えるのである。もちろん、その域に達していない私には本来の深い意味は当然理解できない。しかも、生死を目の前にした極限状態での試みでもないので、私の理解は正しいとは断言できない。

何をどのように試したのか。

相手と向かい合ったとき、相手の現実の正面の姿と重ねて後ろ姿を強くイメージするのである。明確にイメージできたとき、相手の攻撃に対して「入る」ことができ、相手を倒すことができた。「なるほどこれが口伝か」と思った。まともな知覚世界から半分睡眠しているような精神内面の世界に移行させた実感はある。これは自分の中心や相手の中心をひたすら意識し続けるのと同じだと思った。中心を強く意識し続けることも、通常の感覚を殺した状態にし、別の感覚を鋭くする方法なのである。

次章で述べるように、覚醒した左脳の世界から右脳の世界、夢想の世界への切り替えを生じさせ、その結果、相手を無力化させる動きができるようになると私には思える。

心の使い方の自在性

この本は武術に関するハウツー本ではないので、武術における大事な点をすべて網羅するつもりはない。

「自然体」ができてくると、心の動き、あるいはイメージで、自在に術が決まるようになる。自分の中心をイメージで回転させることで相手が回転して倒れたり、相手との間合いを自在に変えたり、相手全体を包み込む空間を完全に制したり、その延長として「相手の後ろを捉える」こともあると思う。第十章で述べる、相手を「愛」でくるんでしまうこともできるようになる。

心に思うことが実現すること――これが武術で実感できるようになると、武術以外の日常生活でも同じように、思うことを実現する力がおぼろげにわかってくる。とてつもない広がりが展開してくるようである。

本書では触れていないが、武術では呼吸が非常に大事である。サンチンは呼吸を表に見せる唯一の型である。

肺の呼吸ではなく、気の呼吸をするという。気の呼吸ができると呼吸力となり、相手を崩す原動力となる。

「気が通った身体」以外に「気」という言葉はできるだけ使わないようにしてきたが、稽古をする上では、「気」があることを前提とするほうがイメージしやすい。かといって、気が存在しますとは言うつもりはない。「気」で倒すと言うと、急に神秘なものと勘違いする人が増えるからである。入門したての人の中にも、倒されながら「これは（スターウォーズの）フォースだ」と声を上げる者がいる。

塩田剛三師は「気」を神秘的なものでなく、「バランスの結果」と表現している。「正しい姿勢と呼吸、集中力から生まれる爆発力、中心線の力、タイミングのバランスの結果が『気』と考えている」と言う（前掲『塩田剛三の世界』）。その考えに私も基本的に同意する。

第九章

武術空手と右脳

脳の〇・五秒の騙し

武術の本質である「観る」「入る」を少しでも科学的に理解するために、実験的な研究とそれと関連する推論を紹介しよう。

「観る」「入る」に関する考察として、「ベンジャミン・リベットの実験的研究――脳の〇・五秒の騙し」がある。ベンジャミン・リベットの実験研究により、脳の認識には次のような時間の遅れと騙しがあることがわかっている。遅れは、感覚器官から脳まで神経組織の中を情報が伝わるのに時間がかかることによると思われる。

一、人は動きを起こそうと脳で考える約〇・五秒前に、無意識に身体はその動きを起こしはじめている。無意識の動きの開始から〇・五秒経ってから脳が動きの命令を出す。にもかかわらず、脳は命令が出てから動きを開始したと錯覚する。

二、感覚器官が外からの刺激を感じとってから〇・五秒後に、脳がそれを認知する。しかし、脳は認知したその瞬間、感覚器官に外から刺激が加えられたと錯覚する。

つまり、二人が相対しているとき、攻撃する側は脳が命令を出す〇・五秒前に身体は動こうとしており、実際の動きの起こりより〇・五秒遅れて脳は命令を発する。攻撃を受ける側は〇・五秒遅れて相手の動きはじめを認知する。攻撃する側の脳も、攻撃を認知する側の脳も、実際の動きに対して双方とも〇・五秒遅れて認識する。しかし、まったく遅れはないと脳は騙す。つまり、脳の世界では攻撃するほうは今まさに攻撃をしたと思い、守る側は攻撃が始まったと思っているが、実際はすでに約〇・五秒前に身体は動きはじめており、感覚器としての目はその刺激を〇・五秒前に受けている。

したがって、動きはじめを〇・五秒遅れの認識でなく、〇・五秒より短い時間で認識し、しかも相手に刺激を与えることができるなら、相手の脳がまさに動きを命令する直前にちょっかいを出されたかっこうになり、脳が混乱する。その結果、身体の動きは麻痺し、無力化する。

このベンジャミン・リベットの研究は、宮本武蔵の「観て」「入る」をよく説明しているし、分解組手の経験からも納得できる。炭粉良三氏も同様な説明をしている（ベンジャミン・リベット『マインド・タイム 脳と意識の時間』下條信輔訳　岩波書店、炭粉良三『合気解明』海鳴社）。

保江邦夫氏の実験

次に、相手に「入る」と、なぜ「無力化」することができるのか。そこでは何が起こっているかを示した実験を紹介しよう。

武術に関して、術をかけることができる人、かけられた体験のある人、見た人、見たことがない人がいる。かけることができる人は非常に少ない。かけられた体験のある人も少ない。テレビでときどき放映されるので、術を見た人はある程度はいるかもしれないが、大多数は見たことのない人であろう。また、見たとしても、力を使わずに人を倒すなんて「やらせ」だと思う人が多い。証明されていないものは信じないほうがよい、というのが科学的とする姿勢なのかもしれない。

術をかけているとき、何が起こっているのか。それが明らかになれば信憑性も増してくる。武術に関しては、どこの筋肉が使われているかを調べるための筋電図の測定以外、科学的知見はほとんどない。そんな中で保江邦夫氏が行なった実験は、武術に関しての基本知識を与えたことで注目に値する。筋力をほとんど使わずに相手を倒せるというのは嘘ではないと思わせる実験である。

保江氏は脳波トポグラフィーとｆＭＲＩ（機能性ＭＲＩ）を使った実験によって以下のことを示した。術をかけている側の右脳が著しく活性化し、術をかけられる側の大脳の機能が、〇・五秒程度の短時間であるが、著しく低下する。低下は身体の動きをコントロールできないレベルと言える。術をかける側とかけられる側との脳の変化は、時間的に対応して起こる（保江邦夫『脳と刀』海鳴社）。

保江氏の実験では、実験条件の制約によって相手から攻撃を受けた場合の「後の先」における「入る」を使ってはいない。被験者は腕を押さえられ、押さえた人を「合気上げ」している。つまり、ベンジャミン・リベットの言う脳の〇・五秒の遅れを利用した「入る」は使っていない。使っているのは接触による「入る」である。

相手に入り込む（合気の）方法には二つの方法があることは、保江氏の上記実験を紹介した本『脳と刀』の末尾の対談の中でも触れられている。

本書第七章の直轄東京道場の稽古内容で示したように、武術空手（活人空手）は攻撃してくる相手にかける術であり、活人術は静止している相手にかける術である。この二種類は相手の攻撃の時間の隙間に入り込む方法と、時間的隙間は使用しないで接触して相手の脳に働きかけるという作動原理に違いがある。

しかしながら稽古では、相手の中心の捉え方や心の使い方は両者の間で差はない。

このことから、「後の先」でも、合気上げの保江氏の実験と同じように、攻撃を受けて術をかける側の右脳が活性化し、攻撃する側の大脳が一時的に機能停止するであろうことは推察できる。

いずれにしても、リベットの実験と保江氏の実験から、武術は力学的原理ではなく、脳生理学的な人間の特性を使っていることがわかる。

術をかけられた側の大脳が一時的に機能停止に近い状態になるならば、「無力化」されることはわかる。しかしながら、術をかける側の右脳の活性化が、かけられる側の大脳の機能停止をなぜ引き起こすかは示されていない。これに関しては次の生命場の考えが、この問題の解明のヒントになるかもしれない。

生命場

二〇〇九年にアメリカで製作された『ザ・リヴィング・マトリックス』という記録映画がある。DVDが販売されているので手軽に観ることができる。主題はいわゆるニューサイエンスによるヒーリングであるが、そこでキーワードとなっている「生命場」という考え方が、武術を理解する上で役立ちそうなので紹介する。

人間の神経系のインパルスの伝達速度はけっこう遅いものらしい。素早い反応を要するスポーツでの全身的な動きを瞬時に伝達するにはあまりにも遅すぎる。また、頭脳が中枢情報指令センターとして身体の各部からの情報を集め、指令情報を各部に送るという従来から用いられているモデルも、その速度が遅すぎて、全身的な動きを瞬時に行なうことを説明するには無理がある。

このように肉体と心を分離した存在として取り扱うモデルに代わって出てきたのが、「生命場」という電磁場的なエネルギー場・情報場が人体の内外を構成しているというモデルである。細胞間がそのエネルギー場・情報場を介して全身に瞬時に情報を伝達しているという説である。すなわち、このモデルでは意識や心が「生命場」に情報を与えると、その情報は「生命場」を介してすべての細胞に瞬時に伝えられる。脳が中枢的にすべての情報を集め、判断し、命令するというこれまでのモデルとはまったく異なる。

生命場理論に基づくなら、全身に瞬時の情報伝達が行なわれるので、頭脳の〇・五秒の遅れは消えてなくなると思う。相手の攻撃の動きはすでに始まっている。こちらの目から神経系インパルスを介して情報が脳に届くのに約〇・五秒かかるので、脳が攻撃の始動を認識するのが遅れる。しかし、脳の中央処理装置を使わずに、生命場の情報伝達を利用できれば、生命場の情報は瞬時に伝わるので、相手の脳が自分の攻撃開始を認識する前に、こちらが先に相手の身体の攻撃の始動を捉えてちょっかいを出す（入(はい)る）ことができる。

さらに言えば、この仮説では空間を介しても相手の「生命場」に情報を与えるとされているので、保江邦夫氏の合気上げで接触した者同士の実験結果が、接触しない者同士にでも成立するかもしれない。もしそうなら、右脳が高いレベルで活性化したとき、接触していない相手の大脳に瞬間的な機能停止を起こさせ無力化することができるということになる。

もし、接触していない者同士で相手の大脳の機能低下を引き起こすなら、〇・五秒の隙間を利用しなくても相手を無力化することができることになる。

分解組手では「入る」瞬間、つまり術をかける瞬間は基本的に接触しない。〇・五秒の隙間を利用して「入り込み」をしていることが多いが、私の「超人状態」の経験や、後述する「愛」によって相手を無力化するときの体感では、〇・五秒の隙間に入り込む鋭い感覚がない。相手を優しく包み込む感じで無力化するので、右脳の活性化が空間を介して相手の大脳の機能低下を引き起こすということの推論が成立するように思える。

しかし、今の私は「生命場」の仮説が真であると強調するつもりはない。今後、研究が進んでいく予感はあるが、この項で述べたことはあくまでも個人的な推論である。

右脳の活性化——禅と武術

保江氏の実験によって術をかける側の右脳が活性化することが示された。

座禅などの瞑想状態では右脳が活性化し、α（アルファ）波が支配的になることは知られている。右脳の活性化が武術の上達のために不可欠であるとするなら、剣の達人が「剣禅一如」として禅を修養する理由が理解できる。

幕末・明治に活躍した山岡鉄舟は、近代の名僧と呼ばれた滴水（てきすい）和尚に「鉄舟のような者はまたとない。わしが鉄舟と接したときは一回一回が命がけであった。わしは鉄舟のためにかえって磨かれた」と言わせたほど、禅での境地は褒貶（ほうへん）の域を超脱していたとされる。

鉄舟が宮内省に勤務していたとき休みが毎月一六日であったので、一五日の晩飯を食べてから、一二〇キロ離れた三島の龍澤寺の星定和尚のもとに夜道を歩いて箱根を越えて通い、参禅した話は有名である。三年目に星定和尚は「よし」と見性した（悟りを開いた）ことを認めた（小倉鉄樹『おれの師匠』島津書房）。

　鉄舟の稽古の激しさはよく知られている。鉄舟はすさまじい剣道の稽古を続けるが、これで完全と安心できるところにたどり着けないでいた。そのために、剣の道に悟りを開いた人を必死でさがしていた。伊藤一刀斎の一刀流を正しく伝えるという浅利又七郎の高名を聞き、試合を申し込んだ。浅利の剣は世の中のいわゆる評判の剣法とはまったく異なっていた。外に現われるところは柔であるが、中は剛なものを持っていて、精神を呼吸に集中させ、攻撃にかかる前に勝機をつかんでいる。何度試合をしても鉄舟は自分の力量がはるかに及ばないことを知る。

　昼は剣の稽古を積み、夜は一人座禅をし、浅利に対決するときの呼吸に集中を続ける。しかし、浅利に対決する場面が浮かんでくると、自分の剣の前の浅利の姿はまるで山のようで、打ちかかっていくこともできない。これに苦しみ、滴水和尚のところに行き、公案をもらい、三年程あれこれ考えを凝らす。ある日、豪商が鉄舟の書が欲しいと訪ねて来たが、豪商になるまで成功した商売上のコツの話が公案とつながり、また自分の剣法と関連付ける何かの真理を感じた。それから五日目の夜に、いつもの通り座禅をし呼吸に集中していると、天地の間に何もないのだという心境になっている自分の存在が感じられた。座ったまま、浅利に向かうように剣を振り、試合をしている姿勢をとってみた。それまでとは違い、自分の剣の前に立ちはだかる浅利の幻影は現われなかった。

後日、浅利との試合に臨んだとき、浅利はひと声気合いをかけて木刀で斬りかかるが、突然、木刀を捨て、面具を外し、改まって、「ついにやりましたね！　今までとは段違いの腕前です。私といえどもかなうものではありません」と言って、伊藤一刀斎の「無想剣」の極意を鉄舟に伝える。後に鉄舟は滴水和尚から印可を受け、同時に無刀流を創設した（山岡鉄舟『剣禅話』徳間書店）。

宮本武蔵や柳生宗矩（やぎゅうむねのり）の指導者としての沢庵和尚も有名である。禅坊主であり、武芸者でないにもかかわらず、武蔵を叩きのめしたり、柳生宗矩が失敗した愛宕山（あたごやま）の階段の馬での乗り切りを自ら成功させた逸話がある。沢庵の『不動智神妙録』は柳生宗矩への指南書であるが、剣術における不動心のあり方を教えている。

『不動智神妙録』の一部を現代語訳で引用してみる。

「不動とは動かないということ、智は智恵の智です。動かないと言っても、石や木のように、まったく動かぬということではありません。心は四方八方、右左と自由に動きながら、一つの物、一つのことには決してとらわれないのが不動智なのです」

「何かを一目見て、心がとらわれると、いろいろな気持ちや考えが胸のなかに湧き起こります。胸のなかで、あれこれ思いわずらうわけです。こうして、何かにつけて心がとらわれるということは、一方では心を動かそうとしても動かないということです。自由自在に心を動かすことができないのです」

「しかし、長い年月の間、稽古を積んでゆくと、どのように身を構えようかとか、刀はどうなどとは少しも思わなくなって、ついには、自然に、何も知らなかった初心の時のように、無心の状態でいられるようになるのです。

初心の頃の無明と煩悩、それに修業した果ての不動智とが一つになって、無心無念になりきることができるのです。最高の地点に到達すれば、何をするにも手足がひとりでに動いて、そのことに少しも心をわずらわせないようなるということです」（沢庵　池田諭訳『不動智神妙録』徳間書店）

武術空手は動禅？

私自身、武術空手は動く禅、動禅ではないかと思っている。禅での瞑想状態に匹敵するような静寂の瞬間があり、そのときこそ無敵となることを一瞬垣間見たからである。とはいえ、術ができるようになるため参禅すべきだとは思えない。空手のほうが動きを伴うので、脳の思考を止めやすいことや、正しいかどうかが相手を倒す結果に出るので、ある意味簡単なような気がする。

座禅の結跏趺坐が空手の古伝の型と同じ役割をしているのではないかとも思う。

見性し、印可を受けた知り合いがいる。ふだんはどこにでもいそうなおしゃべりなおじさんであるが、座禅の形をとると突然雰囲気が変わり、そこに岩の塊があるように見えてびっくりしたことがある。かつて彼の肩に当たった樫の警策が三度もばらばらに割れて飛び散ったそうである。叩いた坊さんも座禅している人のレベルがわかっていない人である。

空手の型もやりこむと身体が非常に強靭に変化する。相手の腕や胴がまるで鉄のように感じ、軽く触れられたにもかかわらず痛いときがある。

型の稽古が進むと術をかけることができる身体になるが、保江氏の実験で示された右脳の活性化が容易にできるようになっていくのかもしれない。

いずれにしても、頭を使うと術はかからない。ここで言う「頭を使う」とは理屈とか計算をすることで、これは左脳（理屈脳）がつかさどっている。術がかからなくて苦労していた道場生が、突然うまくいくことがある。「今までとどこか変えましたか？」と聞くと、「考えることをやめました」と答えることが多い。

「観る」「入る」の究極の状態になると、「なにも考えずに」自然に身体が最適の動きをする。いわゆる超人状態になる。『不動智神妙録』の述べる状態になるのであろう。

第五章で触れたような超人状態、つまり私自身がごく短時間ではあるが『不動智神妙録』の述べるような状態となったその印象をもう一度書くと以下の通りである。

心境は、しんと静まり返り、落ち着いて、これ以上ないほど心地よい。至福の状態と言える。座禅の明鏡止水とはこのようなものかと思った。相手の攻撃がくると、ひとりでに目の前の虫を払う感覚で手が動く。なぜか相手は床にぺちゃんこになっている。私がその状態になったとき、「無駄のない最適の動きで相手の攻撃をさばいている」と館長は後で言った。本人は動きを意識することもない。ただ、心地よいのである。

私の経験した「超人状態」は、脳卒中によって右脳しか機能しなくなった脳科学者ジル・ボルト・テイラー博士の経験と類似している。彼女の場合、左脳の血管が破裂して大量に出血し左脳が機能しなくなり、左脳の支配から解放された右脳がその機能を表面に表した状態になった。彼女の著書は米国でベストセラーになった（ジル・ボルト・テーラー『奇跡の脳』竹内薫訳　新潮文庫）。以下はTEDで彼女の講演で語られた抜粋である。

「自分のからだの境界が分からなくなっているのに気がつきました。からだが、固体ではなくて流体であるかのような感じ。まわりの空間や空気の流れに溶け込んでしまい、もう、からだと他のものの区別がつかない。全てのエネルギーと一体となり、それは素晴らしいものでした。平安で満ち足りた気分になりました。そして私の精神は自由に舞い上がりました。ちょうど音のない恍惚の大海を悠然と泳ぐ鯨のように。涅槃（ニルヴァーナ）だ。これは涅槃だ」（ジル・ボルト・テイラーが語る、パワフルな洞察の発作。TED.com）。

そう、あの「超人状態」の瞬間、私も周りと、この世界と一体になっていたのだ。そして恍惚の大海を悠々と泳いでいたのである。しかし、同じような涅槃の世界に遊んでいたが、私の「超人状態」と彼女の体験が同じかというと違いがある。それは右脳の活性化のレベルの差である。彼女の場合は、左脳の機能停止により隠れていた右脳の通常レベルの機能が表面に出てきたのであって、右脳の活性化が起こったわけではない。保江氏の合気上げの実験で測定された右脳の活性化は測定者をかなり驚かすほど強いレベルであった。しかし、私の体験によれば、合気上げしているときの感覚はそれほど日常と変わらない。

それと比べ、「超人状態」は日常とはまったくかけ離れた涅槃の世界に楽しんでいる。テイラー博士の場合と違い、左脳が通常通り機能しているにもかかわらず、その機能がまったく無視できるほど右脳の活性化がとてつもなく高いレベルにあることが想像できる。そのために、周り（の生命場）への働きかけが極端に強く、相手の大脳の活動も甚だしく阻害され、非常に簡単に無力化されるために、当たるところ敵なしの状態になるのだと思う。

第十章

武術の究極は愛である

麻山館長の「悟り」

二〇一三年九月の北海道大会の館長演武で、館長は初めて「武術の根源は『愛』です」と言及し、「愛の心で相手に触れていくのです」と重ねながら、演武相手の山下鹿児島支部長を優しく倒した。皆は内心びっくりした。相手を投げたり、崩したりして制覇しているのに、「愛」とは？　格闘技の場に、この言葉の響きは違和感を与え、多くの人は戸惑った。現在は各支部でも活人術はかなり導入されはじめ、館長セミナーも開催され、「愛」で相手を優しく包んで倒すことを実感する人が増えてきて、館長の真意は浸透しはじめている。

今では館長はさらにはっきり言う。「命よりも尊いものはなく、愛よりも深いものはありません。その真理から真義館は生まれたと思っています」と。館長の言葉は思考の結果出てくるのではなく、必ず体験の裏付けがある。体験を共有できるレベルには達していないので、残念ながら私は身体レベルでは正確に理解できない。

最近、館長から発せられる言葉は、悟りを開いた高僧のそれと近いものが多くなってきているると感じられる。

前掲の保江氏の書によれば、

「……祈りや深い瞑想によって神との結びつきを感じるときの宗教家の脳においては、とくに周囲の他者と自分を区別する感覚情報を脳の様々な部位に絶えず伝えている頭頂葉上後部にある神経束が不活発となることが判明した。それにより、脳は周りの世界との境界や他者との区別を感じなくなり、宇宙の中のすべてとつながった一体感を感じることになるというのだ」とある。

館長が術をかけているとき、宗教家と共通する状態、自他が一体化している状態を常に体験していると考えると、館長が「『愛』が武術の根源です」と言い切れるのは、当然かもしれないと思う。

「武術は愛だ」と館長が確信したとき

二〇一三年一月一五日、稽古を終えた館長が着替えを済ませ椅子に座り、道場生の自主トレを見ていた。道場にはその年の真義館主催の全日本大会に出場を決めていた三村智樹参段がバッグで突き蹴りの稽古をしていた。三村は遅くまで自主トレをしていて、結局、最後の居残りになった。その稽古を見たとき、館長はふと「その思いでは三村らしい勝ち方はできないな」と感じた。

稽古を見るのをやめて、館長は三村に「ちょっとやろうか」と組手練習のための声をかけた。三村の動きから館長は道衣に着替えるまでもないとそのままの服装で相手をすることにした。思いを伝えるだけのシンプルな組手のつもりであった。三村参段は円心会館世界大会ライト級チャンピオンであり、非常に速く鋭い攻撃を信条としている。真義館の中の現役では最も強い一人とされている。得意技はいくつかあるが、その一つが速く伸びる連続する突きである。形にはまったとき、それは大変な威力があり、相手は避けることができず大きなダメージを受ける。ある種の快感が身体に走るので、形にはまったとわかる——と日頃三村は言っていた。その日も、バッグを突いていてその感触があり、突きが気持ちよく伸びる、今日は調子が良いと思った。

館長はその三村の稽古に違和感を覚えたのである。このままでは、三村のために良くない。真理に欠けているように感じた。三村にそれを伝えたいと思った。

普段着の館長と三村の組手が始まった。相手に一方的に攻撃をさせて、弱点を指摘するためにときどき館長の攻撃が混じるのが通例である。三村は先ほどのバッグ練習でリハーサルした必殺の突きを気持ち良く出しはじめた。数々の勝利をものにした突きであり、連続するその突きが館長の身体の中心に見事に吸い込まれていく——はずであった。

しかし、信じられないことにその突きはことごとく手ごたえなく空を切った。そのとき館長には三村の動きがスローモーションのように見えていたが、途中から三村の身体の骨組みがはっきり浮かび上がり、三村の身体が動くスケルトン（骸骨）のように見えた。骨を打つと折れるとわかっているので骨のある部分を避け、骨のない肋骨のすぐ下に軽く突きを出した。次の瞬間、三村はドサッとぶっ倒れ、苦しさのあまり「うーうー」と叫び声あげていた。この状態が一分間以上も続き、これはまずいなと館長が活を入れて呼吸が自然にできるように整えさせた。ようやく三村は息を吹き返した。館長は汗をまったくかいていなかったが、三村の道衣は汗でぐっしょりと濡れていた。

館長は世界チャンピオンである三村の名誉もあり、この事実を他の道場生に話さないようにしようと思った。しかし、「現役で最強とされる三村さんが館長に簡単に悶絶させられた」という事実は二、三日後に本部道場生のほとんどが知ることになった。翌日から三村が「館長に簡単にノックアウトされた。我々の館長は本当に強い。我々は幸せだ」と嬉しそうに話し、直後の新年会でも皆に発表したからである。それも何度も何度も、嬉しくてたまらないとばかりに情景を語った。今でもことある毎にこのときの話をする。

「技術だけのことを考えれば、内面のスピードは外形のスピードを遥かに上回るので当然の結果が出た」と館長は思う。

ではどうしてこのように速い内面のスピードが出たのか。このときの組手を思い返すとき、館長の心境はただただ「三村のために何ができるだろうか？」「三村のためにしてあげられることをしたい」という気持ちひと筋であった。ひたすら三村の向上だけを願っていた。だから軽く打ったパンチにあのような威力があったのかもしれない。さらに、その後の三村の心からの歓び方を見て、館長が三村を思う気持ちは間違いなく伝わっている。このときに、今まで漠然とは感じていた「武術の本当の強さは『愛』があるとき発揮される」という想いが、はっきりと確信に変わった。

館長が空手を始めた十五歳からの一つの目標は「一撃必殺」であった。つまり一撃で相手を倒すということである。しかし、その時から「一撃必殺」に全く興味がなくなったと言う。必殺拳から活人拳に進化したのだと言う。

「愛」の確信が深まってから、館長の心身はさらに変化した。

二〇一五年の夏のある日、道場の前の道路で酔っ払いが寝ていたことがある。その横で、友人が途方にくれていた。起こそうにもびくともしないからである。悪いことに、酔っぱらいは車道に身体を半分出していた。そこに館長が道場から出てきたのである。館長はそのままでは危険であると思い、酔っぱらいの身体に手をかけて肩に担ぎ上げようとした。その瞬間、酔っぱらいの身体が自分で飛び上がったように館長の肩に担ぎ上げられた。

「酔っぱらいの身体は『夏掛け布団』のように軽かったのです」と館長は言う。酔っぱらいの友人はあっけに取られて「介護の方ですか？」と少し的（まと）外れの言葉を口にした。後で述べるマザー・テレサ現象が起きたのである。こうして館長は「愛」が常に体現できる身体になっていた。

一二〇キロの体重は消えた？

私が本部で館長の個人指導を受けていたとき、合気上げの稽古となった。体重一二〇キロの木戸初段を合気上げするように私に言われた。それまでは両手首を押さえ込む木戸初段の重みに圧倒されて、なかなかうまくいかなかった。たまにはほんの少し上げられるときもあるが、あまりの重さにすぐに押しつぶされてしまう。その日は、身体の中心が比較的きちんとできていて、それまでのいくつかの術において成功率が高かった。館長にも「大坪さん、今日は調子が良いですね」と言ってもらっていた。

木戸初段に対して正座したとき、その中心をきちんと作りさえすればよいと思った。しかし手首に加わる重みは尋常でない。びくともしない。大げさに言えば象にでも乗っかられた状態である。

館長は「相手のために祈るのです」と言った。木戸初段の幸せを祈った。でも、上げることはできない。そのときふと、つかまれているこちらの手首の芯に力がこもっていることに気付いた。腕の力ではとうてい上がらないとわかっているので全体的には腕の力は抜いていたが、重量のかかる手首の芯を本能的に固めていたのである。

合気上げ。①向かい合う著者と木戸初段。

②祈りで入ると、

筋力ではなんともならないことを再確認して、完全に手首の芯も脱力してみる。それから木戸初段の胸に向かって心から幸せを祈った。祈る自分の胸が相手の胸に向かって微かに近づいた。と、その瞬間、私の両手は抵抗なく上がり、「アッ」という声と共に木戸初段は立ち上がっていた。私の手首に乗っていたはずの一二〇キロの半分以上の重さは消えてしまっていた。上の写真は後日、木戸初段と合気上げをしたときのものである。

竹内支部長の変身

二〇一五年二月、館長の個人指導を受けるため、本部道場のある大阪に行く。

道場に着くと、館長がいつものよう温かく迎えてくれた。竹内大策広島支部長が個人指導を受けるために参加していた。

③次の瞬間、

④120キロの巨体が立ち上がる。

いつものように準備体操、基本稽古、型の稽古が済み、内面を使う稽古に入った。下から支えられた両構えの手首を下へ降ろす稽古から始まり、片構えの手首を両手で下から支えている相手を崩す稽古、片膝立ての相手の襟と袖をつかみ、正座して左右に倒す基本の稽古などが次々に進む。

　私は強敵を相手に最初のうちはできたりできなかったりと、術の精度が上がらない。東京では道場生に見本を見せながら倒しまくることができるのにと、歯がゆい思いである。余裕のある東京道場と異なり、鍛え方や心の強さがまるでちがう相手に、倒せないのではないかと先に不安がよぎる。心のあり方が最重要であることはわかっているつもりだが、意識でそれを正すことはできない。情けないとはこのことだが、この未熟さを改善するために大阪通いをしているのだ。

そんな中で、竹内支部長が先月よりはるかにスムーズに巨漢の木戸初段を倒している。木戸初段も「腰から力が抜ける」と言って倒れている。ときどき「オーッ」と大きな声を出しながら倒されている。それも力によらない柔らかい倒れ方である。館長も、「竹内君も上達したねえ！」と何度か感嘆の声を上げた。

それにしてもこの急激な変化はどうしたことか。武術空手の習得は、新しい知識を得たからといって急遽上達するものではない。職人技を積み重ねるように、身体で覚えて徐々に上達することが多い。大きな疑問を残したまま、昼食休みを入れて一〇時から一七時までの長い稽古は続いた。

稽古が終わりに近づいた頃、中心をつくり、その中心に「感謝」を入れ込むことを指導され、私もいくつかの術で相手を優しく倒すことができた。しかし横では次元のちがう光景が展開していた。一二〇キロの木戸初段が自由組手で攻撃すると、次の瞬間には竹内支部長が木戸初段を崩している。繰り返される攻撃は例外なく一瞬の崩しで終わっていた。

今まで真義館の中で館長以外にこのような術のできる人はいなかったはずである。もちろん何人かの支部長は自分の道場生に対して似たようなことができるのを知っている。しかし、常に真剣に攻撃しなければ失礼との信念を持つ木戸の巨体から繰り出される、一切遠慮のない強い攻撃は、そのレベルに達していなければ対処できない。そんな攻撃を、何回かの攻防の末に決めるのでなく、最初の攻撃で崩すのである。もちろん館長のように緩急自在の絶対的存在としての動きには至っていないが、素晴らしい動きであることはまちがいない。

稽古の後の会食で私は竹内支部長に、「なぜこの一ヵ月でこのように急激に変化したのですか？」と聞いてみた。

「いくら努力しても、自分でやる意識では術が不十分にしかかからない。二、三週間前に、自分でやることを放棄しなければならないのではと、ふと思いました。自分以外の存在にすべてを任すのです。そのあとから、相手を崩すことが前よりはるかに易しくできるようになったのです」というのが返事であった。

帰京する遅い新幹線の中で受けとった館長からのメールには、次の言葉があった。

「すべてが感謝から始まります。愛が自然に芽生えます。魂が浄化され、自然のエネルギーを自在に使えるようになってきます。これから、ますます楽しくなりますね」

相手を自在に、しかも歓びを与えながら崩すことができるという事実に裏付けされた言葉は、心にしみこむ。この言葉通りに心が保持できるならば、攻撃してくる相手に幸せを与えながら崩してしまう真実が厳然としてある。館長の言われるように「感謝」や「愛」の糸口に触れることができるのなら、ひたすらその方向に進みたいと思う。

感謝と愛

「感謝」という言葉は誰でも知っている。しかし、相手を無力化する感謝は誰もができるものではない。同じく「愛」の意味は知っていても、相手を崩す愛とはならない。「悟り」という言葉は知っていても、悟ることができないのと同じである。

そこまで大きな感覚変化ではないにしても、相手を倒せる状態は思考が働かないレベルになっている。これからの動きを思考した瞬間に、相手の筋力の抵抗に遭って倒すことができなくなる。竹内支部長は自分でなんとかしようとするのをあきらめ、自分を超えた何かに委ねたとき、精神内面の変化が生じて相手を容易に崩すことができるようになった。

「感謝」も「愛」も、親を含む身近な人から自分をとり巻く環境、自然、地球、宇宙へと想いは広がっていく。

自分が存在している。人間が存在している。それを可能にする空気や水の存在、太陽の存在、それらを生み出した絶対の存在と、感謝の想いは果てしない。その想いも観念的なものでなく、心の底から湧き上がる強い想いであるとき、感動を伴って何かが変化する。この強い想いは相手をも巻き込む何かを持っている。

この想いに包まれたとき、瞬時に術がかかる。しかし、この想いを必要なときに生じさせるのは難しい。ふだんは「感謝」や「愛」とかけ離れた生き方をしていて、あるとき必要だからと、うまい具合にその心境になれるだろうか。いつも感謝や愛の想いを持っている、あるいは感謝や愛そのもので生きることができるのなら、マザー・テレサになれる。もちろん凡人にそんなことはできない。

でも、できると信じて生きるのと、端(はな)からできないからと今まで通りに生きるのとでは、大きな差になるのは明らかである。そもそも感謝や愛を多くすればするほど気分よく生活できるのだから、そちらに舵(かじ)を向けるのはそれほど難しいことではないかもしれない。

「上達には、稽古のときだけでなく、ふだんの生き方が重要です」と館長は言う。感謝や愛で生きるというのは偽善的で、照れくさくてできないと思う人は多いだろう。でも武術の上達を望んでいるなら、そのためだけでも舵を少し切ってみればよいではないか。今の私はそのレベルである。その結果、「自分は少しずつ善い人になってしまうなぁ」と、勝手に思っている。

保江邦夫氏との出会い

マザー・テレサの話がいくつか保江邦夫氏の本にも出ている。晩年一五〇センチにも満たないような小柄で背中も曲がったマザー・テレサが、道ばたに倒れているインド人を見つけると、ひょいと肩に担いで自分の診療所まで連れていく光景がしばしば見られたそうである。ときにはもう一人の行き倒れを見つけて両肩に二人を担いでいったという（保江邦夫『人を見たら神様と思え』風雲舎）。

脱力した人を持ち上げるのは大の男でも容易ではない。空手を始める前の経験がある。路上で車椅子からずり落ちた老婆を前に途方に暮れている介護の婦人がいた。来合わせた私はその小柄な老婆を抱き上げて車椅子に戻そうとした。とてつもなく重い。脱力した人がこれほど重いとは思わなかった。私も途方に暮れた。若い屈強そうな若者が通りかかったので、お願いして二人で老婆を抱え上げ、ようやく車椅子に座らせた経験がある。

マザー・テレサのように、普通ではありえないことができるのは愛の仕業である、というのは今ならわかる。

力では不可能な技を、愛を相手に与えることで実現されている保江邦夫氏の話を、二〇一四年の初めに館長にしたところ、館長は、「私も究極は愛であると確信し、前年の北海道大会では皆に伝えたが、自分には師がいないため、皆の前で言い切ってしまってよかったか少し不安がある。多くの道場生を指導する立場として、自分が確信していることを標榜されている人と会って話がしたい」と言われた。そこで、私は同じ大学人のよしみで連絡が取りやすいと思って保江氏に大略以下のようなメールを差し上げ、面談をお願いした。

「麻山慎吾館長は、沖縄古伝の型をやりこむことにより、武術の本質である入り込むことで筋力を使わずに相手を制することを体現しておられます。

半生をかけて鍛錬してきたスポーツ空手から武術空手に方向転換を果たし、館長は道場生にもその方向に向かってほしいと願っています。また、館長はつねづね『武術の究極は愛である』とも言われています。

館長は師を持たずにそのレベルに達したため、通常であれば師から示されるはずである目標への方向付けを得ていないという、若干の不安があるようです。それは多くの道場生に指針を与える責任者として、自分の示す方向が絶対にまちがいないことを確信したいという館長の想いから来ているようです。我々弟子からすると館長の存在そのものが方向を示していると思うのですが。

保江先生は愛で相手の魂を包み、自己と融合することで相手を活かし、結果として制する活人術を提唱されています。保江先生にぜひお会いして、お話を伺いたいというのが麻山慎吾館長の強い望みです」

二〇一四年四月一九日、館長と私は岡山駅を降り、約束の岡山全日空ホテルの前に到着した。ホテル前に駐車したワゴン車の中に、本でおなじみのパーマがかかったようなヘアスタイルの後ろ姿が見えた。館長にも稽古に参加してもらいたいと、保江氏がわざわざ迎えに来てくれたのだ。そのあとのことは保江氏の著書『神様につながった電話』（風雲舎）に詳しい。館長も「愛」が究極であることを指導の表面に出すことへの確信を深めた。また、その確信と共に館長の術はさらに進化しているのは誰の目にも明らかである。鋭く飛ばすのはもちろん、相手が幸せ感に全身を包まれたまま空中を浮遊するように崩れる術の冴えまで、パワーと自在さが大きく増えたように思える。

武術における愛の原則

「愛」「感謝」、そんな人道主義者が唱えるようなことで相手を制圧できるなら、まったく世話はないとの大合唱が聞こえるような気がする。あまりにも無防備で、その心だけでは、相手に一瞬でやられてしまうかもしれない。心優しく愛に溢れた人が暴漢に打ちのめされる場面を想像して恐怖すら生んでしまうだろう。

でも、相手にとって想像を絶する大きな力で作用し、どんな相手も制することができるには、これ以外にないことは体験上まちがいないと思う。

もちろん、原則を知っただけで術が成功するわけではない。一瞬の迷い、躊躇、攻撃から身を守ろうとする動き、相手に対する動きの計算は、いずれも術をぶち壊してしまう。それらの心理的な障害を排除する身体がなければ実践することはできない。

①自然体の構え。

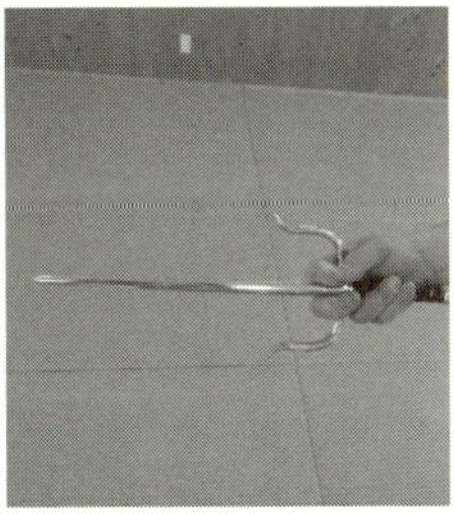

長さ30センチの2本のサイの突撃を無力化する館長。

その上で、愛の原則で相手に向かうのである。「そうか、愛の心で相手に接すればよいのだな」と、いったん頭で理解してから、つまり頭を通してから、相手に愛を伝えたつもりでも、相手には響かない。

心の底から相手の心に直接伝えないと、相手に影響を与えない。母親が自分の子供に与えるような、無条件の愛でなければならない。「自分の子供だから愛さなければならない」というような理屈ではなく、直接の愛である。

闘いの場でこの愛を伝えるのが非常に難しいことは、容易に想像できるであろう。相手はこちらにダメージを与えようとして攻撃してくるのである。一瞬、恐怖が生じるかもしれない。そのような反応は衝突を生み、通常の格闘になる。武術ではなくなる。

②入る。

③ワープ。

そのためにも、相手の攻撃に対して揺るぎない、相手に愛を伝えられる姿勢がとれていなくてはならない。そのために古伝の型で作られた身体、あるいは中心が必要である。どのような攻撃に対しても完全に制覇できる館長は、「究極は相手に対する愛です。また、愛＝型です」と言う。

武術の愛の原則はわかったとしても、実行できるようになるためには、もちろん稽古が要る。心や姿勢の微妙なずれが、結果に大きな差をもたらす。術を成功させるか失敗させるかの大きな差である。一生かけて達人への道を邁進した人は大変な数になるであろうが、愛の大原則の存在を知っていた人はごく稀であろう。

荒野を彷徨（さまよ）っている人にとっては、行くべ

④ワープ完了。

⑤無力化。

き方向がまるでわからないか、かすかに前方に明かりが見えるかどうかが生死を分けることになる。おぼろげながらでも大原則を知ったことは、大変なアドバンテージである。

　スポーツの延長上に目標点がないことを知らないため、筋トレといろいろな闘う局面に合わせた技の集積に努め、それなりの成果を上げて満足するのは悪いことではないが、本当に目的としたものに達したかどうかは疑問である。

「愛」は武術でも究極のものであると述べたが、肉体を有する存在としての愛は誰にもあると思う。しかし、嫌いな人に愛を感じろと言われて、生理的に無理ということも大いにある。

　女性、特に母親としての経験のある女性は、子供に対する無償の愛を心に直接感じることができて、武術の場でも再現できるため、愛で相手を制することがそれほど難しくない。むしろそれを得意とする女性も多い。しかし男性は相手に愛を発することができないことが多い。どうしても愛をつかめず、技に頼るレベルに戻ってしまう。それでも年配者の男性に、自分に向かって駆けこんでくる孫を抱きとめるようにと言うと、相手の攻撃を恐れずに正面から「入る」ことができ、相手を崩すことができる。

二〇〇八年六月八日秋葉原において、最初はトラックを突入させて青信号を渡る歩行者五人を跳ねて殺傷し、さらに救護に集まる歩行者や警官一七人を両刃のダガーナイフで次々に殺傷した事件があった。

「このようにナイフを持って襲ってくる人にも愛で対応ができるのですか?」と、館長に聞いたことがあった。館長の答えは、

「自然に身を任せます。そうすれば自ずと答(愛)が出てきます。身体は自然と動くでしょう。わが子の心を静めるように接するかもしれませんね」

であった。

たしかに刺してくるナイフへの恐怖感でパニック状態にあるときは、身体も固まりそのまま刺されてしまうであろう。しかし、相手に愛情を抱きながら対するとき、相手の中心を捉

えて相手を制する可能性は出てくる。ただし、恐怖感がないまぜになった中途半端な愛は無力であろう。はたして自分に、この究極の場面で襲ってくる敵に心からの本気の愛が伝えられるだろうか。まだまだ、先は長い。

愛のエネルギー

今までは自分の体験を基として、事実および武術が起こす現象を裏付けるための情報を書いてきた。この節は自分の体験を離れた心象的な引用である。この本に含めるかどうか迷ったが、「愛」を身体として捉える一助となればと思い、付け加えることにした。

私の気に入っている寓話がある。シベリアのタイガの森の奥に生きる聖女アナスタシアが語る人間創生の物語『アナスタシア・リンギングシダー四　共同の創生』（ウラジミール・メグレ著　にしやまやすよ訳　岩砂晶子監修　評論社）である。ニュアンスがすっかり消えてしまうかもしれないが、あらすじを述べてみる。

アナスタシアは語る。

神のインスピレーションにより、大宇宙のすべての核として、またすべての中心として地球が生まれた。

神の意識は働き続けた。神の意識はインスピレーションの中で、すべての意識エネルギーのひらめきが無限を超え、創造を行なった。

「見てくれ、大宇宙よ、見てくれ！　ほら、これが私の息子！　人間！　彼は地球に立っている。彼は実体を持っている！　彼の内にはすべての宇宙のエネルギーの一部が一粒ずつある。……私の息子は存在するすべてに歓びをもたらす。……私は彼にすべてを与えた。そしてこれからも与え続けよう」

アダムの誕生である。

その後、アダムは森羅万象すべてに使命を定めることができた。

しかし、あるとき、神は驚く。地上の創造物の絢爛(けんらん)たる美しさの中、愛するわが子が歓びでなく悲しみの中にある。父親にとって、愛するわが子のその光景より悲しいものがあろうか。

地球創造のときから、休息していた神の意識の速度は高まっていた。神はすべてのエネルギーの運動を加速し続け、恍惚の中でささやいた。「見よ、大宇宙よ！　見てくれ！　私の娘が地球の創造物たちの中に立っている。彼女のすべての特徴、姿かたちはなんと美しいことか！　彼女なら私の息子にふさわしいだろう」

イブの誕生である。

日の出の光と共に燦然と輝く乙女が、アダムの方へ歩んでいった。大宇宙は息を呑んだ。

「おお、なんと美しい顔立ち！　なんと美しいおまえの創造物、神よ！」

アダムは草原の中で横たわったまま、傍らに立っている乙女にちらっと視線をやり、生あくびをして、瞼を閉じてそっぽを向いた。

宇宙の本質たちがざわめきだした。そしてそれらの意識は一致した。「二つの完全な創造物たちは、互いの価値を認め合うことができなかった。神の創造に完璧はなかったのだ」

大宇宙は一つの疑問で満たされた。「我々のすべてのエネルギー、そしておまえ（神）のエネルギーを宿している者に、足りないものなどあるのか？」

神はすべてに答えた。

「愛のエネルギー」と。

愛のエネルギーによって、神の周りの真空は満たされ、神の内にあるすべてが温められている。宇宙の冷たさが、暗闇が、神に届くことはない。また、神の存在により、愛は輝く。

神は愛のエネルギーに語る。「私の愛よ、地上に降りてほしい。余すことなく、おまえのすべてを地上に。おまえ自身で、おまえの偉大なる歓びのエネルギーで、彼らを、私の子供たちを包み込んでやってほしい」

愛のエネルギーは呼びかける。「私の神よ、私が離れるとき、おまえの周りを真空が取り巻いてしまう。おまえに力を与える温もりは二度とおまえの魂まで届くことはない。おまえの魂は冷え切ってしまう」

神は答える。「私のためだけでなく、すべての存在のために、その温もりを地上から放てばよい。私の息子たち娘たちの行ないが、それをとてつもなく増幅させるだろう。そして地球全体が光り輝く愛の温もりで空間に燦然と光を放つだろう」

愛のエネルギーは、神に命じられて地球に向かうとき、「神よ、私の小さな火の粉を一つ、おまえのもとに残させてほしい。おまえが漆黒(しっこく)の闇にいなければならないとき、おまえの周りに真空だけがはびこるとき、そして地球の光が弱まるとき、この火の粉が……せめて、私の愛のたった一粒の火の粉だけでも、おまえのために揺らめき光るように」

しかし神は、「私に残すということは、わが娘たちや息子たちに、すべてを与えつくすことにならない」と、最後の火の粉も人間に与えたのである。

宇宙の愛のエネルギーが、地上の人間を、そのすべてを包み込んだ。

長い引用であり、勝手な部分を抜き出して、原型を大きく崩しているかもしれない。原作者や翻訳者にはお許し願いたい。

私がこの話を読んだとき、神という存在がすべてを人間に与え尽くした、とくに神自身が輝きを失い、暗黒の闇に永遠に存在せざるをえないことを覚悟して、愛のエネルギーを人間に与え尽くした部分に感動した。それは、この話の真偽を超越して心にしみこんだ。

そして、愛というものの捉え方が多少変わった自分を感じた。誰もが愛のエネルギーのひと粒を持っている。それも、父なる存在が自己を暗黒の闇に閉じ込められるという犠牲の代償として、与えたものである。これは寓話であるが、人間が愛することができる根源を教えられた気がした。

すべての人が神から与えられたひと粒の愛のエネルギーを持っているというイメージは、生きる上で大きな力を与えてくれる。狭い範囲ではあるが、武術にも力を与えてくれると私は思う。向かい合ったとき、自分と相手の中に愛のエネルギーを感じるとき、それらが優しく融合し、自他が「調和」し、歓びの中で術を行なうことができると思う。その愛のエネルギーは強く光り輝いている。

（おわりに）

これに出会うために生きてきた

六十五歳で無謀にもフルコンタクト空手を始め、動かぬ身体を無理に動かし、たどり着いたのは武術空手だった。稽古が進めば進むほど、心が内面に向かっている。と同時に大きく広がっていく。表面的には筋力を使わずに相手を倒している。しかし、それを可能にする内面の動きが充実感を与える。思考を停止し、「中心」を感じて大事に保持する。

まだまだ入口あたりをうろうろしているが、その入口はまちがいなく正しい入口であると確信している。麻山慎吾館長の無敵の強さ、すべての人への思いやり、そして優しさを見るとき、この入口はまちがいないと思う。また、入口を入ったとして、その先に進むべき道は想像できないほど長い道だとは思うが、それだけ大きな進化が待っているであろう。そのことに対する期待で胸が震える。なぜこれほど武術空手に夢中になれるのだろうか。なぜこれほど歓びや充実感を得られるのであろうか。

気に入った趣味を見つけられた人は皆、充実感を持つとは思う。私も趣味を見つけて夢中になった経験があるが、どうもそのレベルの満足感とは違うような気がする。もっと全人格的な歓びを感じる。身体だけでなく、魂レベルで歓びを感じる。大げさかもしれないが、これに出会うために今まで生きてきたような気がする。そうか、魂が歓んでいるからそう感じるのか。ちょっと書き過ぎかもしれないが、これが正直な実感である。

自分の統一感、

相手との一体感、

さらには、一、二度しか経験していないが、絶対の静寂感。

だから心の底から歓べる気がする。

この道に出会えて本当によかったと思うし、幸運を心から感謝したい。

また、愛のひと粒を与えてくれた大いなる存在に感謝したい。

私の現役時代の左脳的な生き方と、いい歳をして始めた空手、さらに右脳を使う武術空手中心の生き方という、ギャップのある経験が面白いから本を書くように勧められた。自分では普通に生きているつもりなのでそんなものかなと思っていたが、結局書くことになった。

この本は真義館麻山慎吾館長をはじめ、真義館の方々、特に本部直轄東京道場の道場生とのお付き合いの中から生まれてきた。皆様に感謝したい。館長のご指導が、私を曲がりなりにも成長させ、その過程がこの本の核をなしている。館長の個人指導を受けて、すごいことを教わっていると驚いた。しかも毎回の指導が新たな驚愕を呼ぶ。この驚きの連続がなければ、私はこの本を書く気を起こさなかったかもしれない。麻山館長にはどのような言葉で感謝してもし足りないと思っている。

生来の怠け者を叱咤激励していただいた風雲舎の山平松生社長、原稿に興味を持っていただき貴重なご助言をいただだいた平井吉夫氏、きっかけをつくっていただいた整形外科医の小坂正医師に、また写真提供のご協力をいただいた古田優子氏にお礼申し上げたい。

原稿を書き進めるうちに、生きる充実感を与えてくれる武術空手に出会えた幸運を、皆様とも共有したい気持ちが増してきた。読者の方に本を手に取っていただいたことに感謝すると共に、いつか縁があって道場でお目にかかりたいと願っている。

愛と感謝を！

著者

〈解説〉
左脳から右脳へ——大坪英臣氏のコペルニクス的転回

岩崎　芳史

大坪英臣氏、七十三歳、東京大学名誉教授。現役時代は船舶工学の世界的権威として数百の論文を発表し、日本造船学会会長、日本計算工学会会長、船舶・海洋構造物国際会議議長、日本学術会議会員を歴任し、「有限要素法」というまったく新しい構造解析法の基礎の確立と開発に貢献した男。彼はひたすら考える力、思考力を縦横無尽に駆使してきた、まぎれもない左脳人間であった。

その男が今から七年ほど前の二〇〇八年一一月に、共に所属しているロータリークラブの例会で、「空手大会で準優勝した」と突然宣(のたま)わった。空手を始めてわずか四ヵ月の六十五歳の初老が、決勝戦で黒帯の選手を相手にしたとの信じがたい話である。これを聞いた会員達は「あの男は突然何を始めたのか?」「頭が狂ったのではないか?」と疑った。よりによって空手の中でも最も野蛮と思われる直接打撃や蹴りを加えるフルコンタクト空手だという。

この男はそれからどっぷりと空手にはまり、翌年は再び同じ相手を決勝戦で打ち破って優勝し、年齢を考えると驚異的な速さで三年後に初段に、六年で弐段に駆け上がった。今や真義館本部直轄東京道場の指導者である。

大坪が最初にはまった空手は、突きや蹴りなどパワーやスピードで相手にダメージを与える力学に依存するスポーツ（格闘技）空手であった。それが、初段を取るあたりから、筋力をまったく使わないで相手を倒すという怪しげなものに変わった。今から五年前の二〇一一年四月、円心会館から独立して真義館（本部大阪）を立ち上げた麻山慎吾館長の指導を受けはじめてからである。

私は話を聞いてそんなことができるのかと大いに疑問を持ったが、力も運動神経もいらないと力説するので道場を覗いてみることにした。そこで大坪の披露する術に正直驚愕した。同じ年齢の自分にも可能性があると錯覚し、五年前の真義館誕生の年に入門することにした。弟子としては、「大坪先生」と呼ばなければならないが、同学、同年齢の友人としてなら「大坪」で許してもらえるだろう。

現実は厳しく、低迷する私を見て、幕末三剣士の一人斎藤弥九郎の血を継ぐ妻も入門する話は本編の中に紹介されている。

その空手の基本は、力を抜き、下丹田（へその下）に気を落とし、中心をぶらさないで身体を整え、その身体を保って相手に愛を惜しみなく与える。相手はこれで無力化され抵抗できない。まるで赤子を抱くように優しく倒す、武術空手である。

空手発祥の地、沖縄で古くから伝承されている「サンチン」をはじめとする五つの型を正確に習得することで身体をつくっていく。また型通りの動きをするだけで、相手の身体が固まり、倒れるというから、常識では考えられない空手である。

どうも型をやりこむことで身体が統合化され、手足の動きが身体の中心につながった動きになるらしい。このとき思考は停止し、右脳が最大限に活性化する。右脳主体のまま動くことにより、相手の頭脳活動を攪乱する右脳空手のようだ。

右脳の話は、左脳のような論理では説明できない。

この本は基本的には初老の冒険体験談であるが、武術の原理もなんとか理解しやすいようにと努力して書いている。試みは画期的であり、武術空手に触れている人にとっては大いに得るところがある。ただし、どれだけの一般読者がこの部分を理解できるか心もとない。

右脳の無限の可能性に興味を持ち、それを極めようと毎月大阪まで足を運んで麻山館長の個人指導を受け、また日夜研鑽に励んでいる大坪の腕の上達は目覚ましい。大坪が初段のときは、弟子達も努力をすればその域に到達できるかもしれないという想いを描けたが、弐段への昇格と共に、右脳空手の真髄に触れるようになってきたのであろう、もはや弟子達には手の届かない存在となった。左脳を極めた人間が左脳を一切捨て、右脳を極めるべく努力する姿には頭が下がる。

力も運動神経も使わず、ただひたすらに研ぎ澄まされた右脳に依存する空手は、空手道流派多しといえども真義館以外あまりないと思う。筋力にもスポーツの才能にも頼らないということは、むろん年齢や男女差は関係ない。現実に大坪道場（本部直轄東京道場）の弟子の最高年齢は男八十三歳、女七十六歳であり、六十歳以上の人も多く、女性の比率も四〇％近い。みんな喜々として参加して、相手の成功に拍手し、互いに教え合い、稽古場は明るく笑いが絶えない。稽古を重ねるにしたがい、体幹が強くなり、身体が強靭になっていくのがわかり、面白くて休めない。

なぜこのような空手クラスが存続するのか。

この本で武術空手に、あるいは人間の能力の不思議さに興味を持たれた皆様には、ぜひ一度大坪道場に来訪されて、自らその答えを体感していただけると幸いである。

（いわさき・よしふみ　ゆうちょ銀行取締役　三井不動産販売㈱元社長）

大坪英臣（おおつぼ・ひでおみ）

1943（昭和18）年栃木県宇都宮市生まれ。東京大学工学部船舶工学科卒業後、講師、助教授を経て工学部教授。現在東京大学名誉教授。船舶工学の世界的権威として数多くの論文を発表し、「有限要素法」という新しい構造解析法の基礎の確立および開発に貢献。日本造船学会会長、日本計算工学会会長、船舶・海洋構造物国際会議議長、日本学術会議会員を歴任。思考力を駆使してきた左脳人間があるきっかけで麻山慎吾師の率いる真義館空手（武術空手）の道にはまり込み、「人生の目的はここにあったのか」と思うほど、筋力を使わない右脳空手の静謐な世界を堪能している。真義館本部直轄東京道場責任者。真義館弐段。専門分野での論考は多々あるが、空手に関しては本書が処女作品。真義館 shingikan-karate.jp　真義館総本部直轄東京道場 shingikantokyo.com

右脳の空手（うのうのからて）

初刷　２０１６年３月20日
改訂２刷　２０１６年６月10日

著者　大坪英臣（おおつぼひでおみ）

発行人　山平松生

発行所　株式会社　風雲舎
〒162-0805　東京都新宿区矢来町122　矢来第二ビル
電話　〇三-三二六九-一五一五（代）
FAX　〇三-三二六九-一六〇六
振替　〇〇一六〇-一-七二七七六
URL　http://www.fuun-sha.co.jp/
E-mail　mail@fuun-sha.co.jp

DTP　株式会社ワイズファクトリー
印刷　真生印刷株式会社
製本　株式会社　難波製本

落丁・乱丁本はお取り替えいたします。（検印廃止）

ISBN978-4-938939-84-7